ÉCOLE
NOTRE-DAME-DES-AYDES

Rentrée des Classes le Lundi 1er Octobre 1923

Calendrier Scolaire

POUR

L'ANNÉE 1923-1924

BLOIS

IMPRIMERIE R. DUGUET ET Cie, RUE GALLOIS, 13

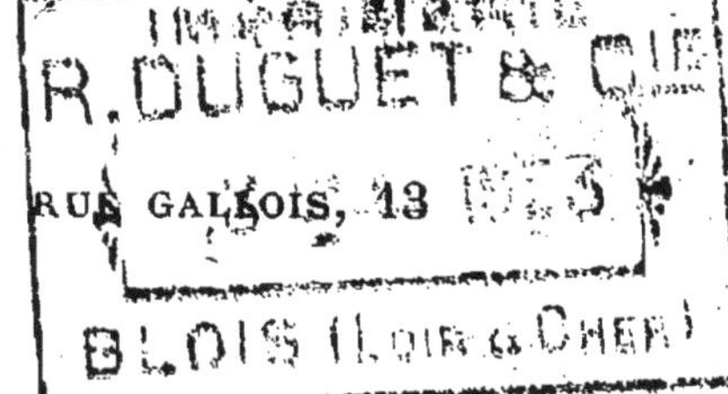

1923

CALENDRIER SCOLAIRE

POUR

L'ANNÉE 1923-1924

ÉCOLE
NOTRE-DAME-DES-AYDES

Rentrée des Classes le Lundi 1er Octobre 1923

Calendrier Scolaire

POUR

L'ANNÉE 1923-1924

BLOIS

IMPRIMERIE R. DUGUET ET Cie, RUE GALLOIS, 13

1923

Ordre général des Exercices

JOURS ORDINAIRES

Avant le 15 mai — 1re Division

5 h. 1/2 — Lever.
5 h. 50 — Prière, étude.
7 h. — Messe facultative,
7 h. 1/2 — Déjeuner et récréation.
8 h. — Classe.
10 h. — Récréation.
10 h. 20 — Etude, cours de dessin, de chant. (Voir le tableau des classes).
12 h. — Sortie des externes. — Dîner. — Récréation.
1 h. 1/2 — Etude.
2 h. 1/2 — Classe.
4 h. 1/2 — Goûter, récréation.
5 h. — Etude, précédée de deux dizaines de chapelet.
7 h. 20 — Départ des externes et des demi-pensionnaires. — Prière, souper, coucher.

Avant le 15 mai — 2e et 3e Divisions

6 h. — Lever.
6 h. 20 — Prière, étude.
7 h. — Messe facultative.
7 h. 1/2 — Déjeuner, récréation.
7 h. 3/4 — Entrée des externes et des demi-pensionnaires. — Ils se rendent en Étude et préparent leurs livres pour la classe.

8 h.   — Classe.
10 h.   — Récréation.
10 h. 20   — Etude, dessin ou chant. — (Voir le
              tableau des classes.)
11 h.   — Catéchisme de 1re Communion (lundi,
              jeudi et vendredi).
11 h. 50   — Sortie des externes. — Récréation.
11 h. 57   — Déjeuner, récréation.
1 h. 1/2   — Etude. — Solfège pour 6e et 7e. (Voir
              le tableau des classes.)
2 h. 1/2   — Classe.
4 h. 1/2   — Goûter en récréation. — 1er départ des
              externes et des demi-pensionnaires.
5 h.   — Etude, précédée de deux dizaines de cha-
              pelet.
6 h. 50   — 2e départ des externes et des demi-
              pensionnaires.
7 h. 20   — Prière, souper, coucher.

Avant le 15 mai — 4e Division

6 h.   — Lever.
6 h. 20   — Prière, étude.
7 h. 1/2   — Déjeuner, récréation.
8 h.   — Etude.
8 h. 1/2   — Entrée des externes et des demi-pen-
              sionnaires, classe.
10 h.   — Récréation.
10 h. 25   — Classe.
11 h. 1/2   — Récréation. — Sortie des externes.
12 h.   — Déjeuner et récréation.
1 h. 1/2   — Classe.
3 h. 1/4   — Récréation.
3 h. 1/2   — Classe.
4 h. 1/2   — Goûter en récréation. — 1er départ des
              externes et des demi-pensionnaires.
5 h.   — Etude, précédée de deux dizaines de
              chapelet.

6 h. 1/2 — 2ᵉ départ des externes et des demi-
pensionnaires.
7 h. 20 — Prière, souper, coucher.

A partir du 15 mai — Les 4 Divisions

Après souper, récréation, qui se prolonge suivant
que les jours augmentent.

JEUDI

Avant midi

8 h.   — Messe à laquelle assistent tous les élèves.
8 h. 1/2 à 10 h. 1/2 — Composition.
10 h. 50 — Étude.

Après midi

En Hiver

1 h. 20 — Dortoir.
          Avant 1 h. 3/4, arrivée des externes.
1 h. 3/4 — Revue au dortoir et promenade.
5 h.   — Retour de la promenade pour la 1ʳᵉ et la
          2ᵉ division. — Dortoir. — Goûter en
          récréation. — 1ᵉʳ départ des externes et
          des demi-pensionnaires de la 2ᵉ division.
5 h. 1/2 — Etude, précédée de deux dizaines de cha-
          pelet. — Le reste comme aux jours
          ordinaires.

— 8 —

Après midi

En Été (à partir du 15 mai)

1 h. 20—Dortoir. — 1 h. 3/4, revue au dortoir. — Avant
    1 h. 3/4, arrivée des externes. —Etude,
    précédée de deux dizaines de chapelet.
3 h. 3/4 — Goûter en récréation.
4 h. — Promenade.
7 h. 1/4 — Retour. — Départ des externes et des
    demi-pensionnaires.
7 h. 1/2 — Souper, récréation, prière au dortoir,
    coucher.

DIMANCHE

Avant midi

6 h. — Lever.
6 h. 1/2 — Etude.
7 h. 1/2 — Messe basse pour les élèves qui désirent
    communier.
8 h. 1/4 — Déjeuner, récréation. — A 8 h. 3/4,
    entrée des externes et des demi-pen-
    sionnaires.
9 h. — Grand'Messe avec prières du prône,
    récréation.
10 h. 3/4 — Instruction religieuse pour tous les élèves,
    sauf pour les classes de 6ᵉ et de 7ᵉ.
11 h. 3/4 — Récréation.
11 h. 50 — Sortie des externes.
12 h. — Dîner. — Récréation.

Après midi

Hiver

1 h. 20 — Dortoir, — Avant 1 h. 3/4, entrée des
    externes.

```
1 h. 45  — Revue au dortoir.
2 h.     — Vêpres et salut.
3 h.     — Sortie de faveur ou promenade (1).
5 h.     — Goûter en récréation.
5 h. 1/2 — Étude, précédée de deux dizaines de cha-
             pelet.
7 h. 1/2 — Souper.
8 h.     — Rentrée des élèves sortis, prière au dor-
             toir, coucher.
```

Été

```
1 h. 20  — Dortoir. — Avant 1 h. 3/4, entrée des
             externes.
1 h. 45  — Revue au dortoir.
2 h.     — Vêpres et salut.
3 h.     — Sortie de faveur ou étude.
4 h.     — Goûter en récréation, promenade.
7 h. 1/4 — Retour.
7 h. 1/2 — Souper, récréation.
8 h. 1/2 — Rentrée des élèves sortis, prière au dor-
             toir, coucher.
```

FÊTES DE PREMIÈRE CLASSE

```
6 h.      — Lever.
7 h. 1/2  — Messe de communion.
8 h. 1/4  — Déjeuner, récréation.
9 h. 1/4  — Étude libre. — Les externes et les demi-
              pensionnaires des 1re, 2e et 3e divisions,
              doivent être arrivés pour cette étude.
10 h. 1/4 — Récréation, entrée des externes et des
              demi-pensionnaires de la 4e division.
10 h. 1/2 — Grand'Messe, récréation.
11 h. 1/2 — Sortie des externes des 2e, 3e et 4e di-
              visions.
```

(1) Les élèves qui auraient obtenu la sortie de faveur et que leurs parents ne seraient pas venus chercher à 3 h., iraient en promenade.

12 h.   — Sortie des externes de la 1" division. —
           Diner. — Récréation.
1 h. 20 — Dortoir.
2 h.   — Vêpres.
3 h.   — Promenade.
5 h.   — Goûter, récréation.
5 h. 1/2 — Salut solennel. — Départ des externes et
           des demi-pensionnaires, récréation.
7 h.   — Souper, prière au dortoir, coucher.
(En été, le souper est toujours à 7 h. 1/2).

EXTRAITS DU REGLEMENT

§ 1er. — *Devoirs religieux*

Les élèves considéreront comme la première de toutes les études, celle de la Religion, qui, en leur donnant une foi éclairée, les attachera fortement à leurs devoirs de chrétiens.

Ils montreront leur foi par le recueillement et la piété dans les prières, surtout à l'église et spécialement pendant le Saint-Sacrifice de la Messe.

Ils doivent répondre, à haute voix, à toutes les prières qui se font dans l'Ecole.

Tous les élèves s'approcheront, chaque mois au moins, du tribunal de la Pénitence.

§ 2e. — *Respect des Maîtres*

Les élèves regarderont leurs maîtres comme les dépositaires de l'autorité paternelle dont la source est en Dieu ; ils professeront pour eux le plus grand respect et leur donneront, en toute occasion, des marques de leur attachement.

Toute réprimande ou punition doit être acceptée en silence et avec respect. L'élève qui se croit victime d'une erreur ou d'une injustice doit obéir d'abord, sauf à faire plus tard et en particulier les démarches propres à se justifier.

Tous les maîtres, sans exception, sont chargés de veiller en tous lieux à l'observation du règlement des élèves.

§ 3e. — *Rapports mutuels*

Une grande union fondée sur la charité chrétienne doit régner parmi les élèves de l'Ecole.

Ils devront mettre dans leurs rapports entre eux cette douceur, cette politesse de langage et de manière qu'exige la bonne éducation.

Ils se garderont bien de faire, soit dans l'Ecole, soit au dehors, aucun rapport qui puisse déprécier un condisciple ou lui causer de la peine.

Tout marché et tout prêt d'argent leur sont interdits.

§ 4e. — *Habillement et Tenue*

Les élèves doivent être propres et convenables dans leur mise.

Ils montreront à l'égard des étrangers et des prêtres surtout, soit dans l'Ecole, soit au dehors, la politesse et les égards qu'on a droit d'attendre d'enfants bien élevés.

Ils devront se montrer aussi soigneux qu'à la maison paternelle du mobilier mis à leur disposition.

Les élèves sont responsables des dégâts faits dans les lieux qui leur sont assignés, cours, classes, études, etc.

L'uniforme est obligatoire les dimanches, les jours de fête, de sortie, de promenade et de séance académique.

Il comprend le veston avec col de velours, le pantalon et le gilet bleus, la casquette suivant le modèle, la cravate noire et des gants bruns. A partir de l'Ascension, le gilet doit être blanc les jours de grande tenue. En été, le pantalon et le gilet bleus sont remplacés par le pantalon et le gilet de drap gris pour les promenades du jeudi et du dimanche.

Le vêtement dit *collet à capuchon* d'officier en étoffe imperméable noire, est obligatoire pour tous les élèves, les jours de promenade où le temps est douteux.

Ces mêmes jours, les molletières en cuir verni sont autorisées.

§ 5e. — *Devoirs et Leçons*

Si l'élève n'a pas appris sa leçon ou n'a pas fait son devoir, il doit en prévenir le professeur en entrant en classe, et lui présenter un billet d'exemption, signé du Préfet de discipline : toute excuse sans cette formalité est non avenue.

S'il est externe ou demi-pensionnaire, il doit apporter une attestation de ses parents, contresignée par le Préfet de discipline qui le justifie.

On doit s'appliquer à réciter les leçons d'une voix claire, en articulant nettement, en évitant toute répétition de mots, non pas *recto tono*, mais d'un ton naturel, et, s'il y a lieu, d'une manière sentie.

Les cahiers de devoir doivent être tenus avec propreté, les copies écrites avec soin.

§ 6e. — *Système d'émulation*

Le système d'émulation comprend :

1° Les Notes ;
2° Les moyens de répression ;
3° Les Compositions et les Examens ;
4° L'Académie et l'Agrégation ;
5° Les Devoirs d'honneur ;
6° Le Prix de l'Association des Anciens Élèves.

NOTES

I. — Notes de leçons et de devoirs

Les notes de leçons et de devoirs sont marquées de 0 à 20.

En voici la signification :

20,	19,	18,	Parfaitement Bien.
17,	16,	15,	Très Bien.
14,	13,	12,	Bien.
	11,	10,	Assez Bien.
9,	8,	7,	Passable.
	6,	5,	Médiocre.
	4,	3,	Mal.
	2,	1,	Très Mal.
		0,	Nul.

Le zéro est réservé à l'élève qui, sans un motif légitime, a omis complètement un devoir ou n'a pas su, du tout, une leçon.

C'est la moyenne des notes de leçons et de devoirs qui détermine la place de *diligence* de chaque élève.

II. — *Notes de Conduite et d'Application*

On a adopté, pour apprécier la *conduite* et le *travail* des élèves, des notes de convention dont voici la valeur :

5,	*Très bien.*	2,	*Passable.*
4,	*Bien.*	1,	*Mal.*
3,	*Assez bien.*	0,	*Nul.*

III. — *Récapitulation et sanction des notes*

La récapitulation des notes de conduite et de travail se fait chaque semaine, chaque mois et à la fin de l'année.

Les moyennes de chaque jour se groupent à la fin de la semaine sous les titres suivants : Étude, divers, français, latin, grec, langues vivantes, mathématiques, physique, histoire et géographie, dessin.

La moyenne générale de ces diverses notes donne ou retranche le témoignage de satisfaction qu'on appelle *prime*.

En faisant cette moyenne générale, on double la moyenne des notes d'étude et de divers :

4 1/2 de moyenne générale donne une prime de 1re classe ;

4, une prime de seconde classe ;

3, une prime de troisième classe.

Lorsque, à la fin de la semaine, la moyenne générale des notes d'étude, de divers et de classe, etc., est 3, l'élève a droit à 120 points à valoir pour *exemption* ou *sortie*. Si la moyenne générale est 4, l'élève a droit à 150 points si elle est 4 1/2, l'élève a droit à 170 points.

En première division, la note 3 ne donne pas de points. La moyenne générale 4 donne 150 points ; la moyenne générale 4 1/2, 200 points.

L'élève qui n'a pas sa prime en 2' et 3e division a cependant droit à 20 points pour l'étude et les divers, et à 10 points pour les autres matières, s'il a 4 de moyenne. En première division la même règle existe pour les élèves qui ont une prime de 3° classe ; ceux qui n'ont pas de prime n'ont droit à aucun point.

Toute note d étude ou de divers inférieure à 4, ou toute note de classe inférieure à 3 retranchent la prime de 1re classe.

Un 1 1/2 de moyenne d'étude ou de divers, ou un 0 de classe, ce dernier s'il est annoté, après délibération avec M. le Préfet des Études ou M. le Préfet de Discipline, retranche la prime.

Une seule note infamante, donnée pour un motif grave, peut également faire perdre la prime.

A la fin du mois, on prend la moyenne des moyennes générales ou primes du mois. Cette moyenne sert de base à l'inscription des élèves au *Tableau d'honneur*.

Une moyenne de primes de 1re classe donne droit, en principe, à une 1re catégorie au Tableau d'honneur.

Une moyenne de primes de 2° classe donne droit, en principe, à une 2° catégorie au Tableau d'honneur.

Une moyenne de primes de 3e classe donne droit, en principe, à une 3e catégorie au Tableau d'honneur.

A la fin de l'année, on prend la moyenne des moyennes générales des mois de l'année, c'est-à-dire des degrés d'inscription au Tableau d'honneur, et c'est d'après cette moyenne et l'avis de M. le Directeur et de MM. les Professeurs qu'est décerné le *Prix d'Inscription au Tableau d'honneur*.

Les points d'une année peuvent servir jusqu'au 1er janvier de l'année suivante, à raison de moitié de leur valeur. Les points obtenus à l'examen de Juillet ont leur valeur intégrale toute l'année.

MOYENS DE RÉPRESSION

Un élève peut être répréhensible soit pour un travail défectueux ou incomplet, soit pour une faute contre la discipline ou la morale.

Les fautes contre la discipline sont les infractions au règlement. On appelle fautes contre la morale, le mensonge, l'emportement, la méchanceté, la résistance à l'autorité, la provocation au désordre, les propos grossiers ou indécents, l'irrévérence dans le lieu saint, etc.

La répression des fautes se trouve tout d'abord dans les mauvaises notes.

Quand ce mode de répression devient insuffisant ou que les fautes sont plus graves, on emploie: 1° les punitions ; 2° le rapport au Préfet ; 3° le rapport au Directeur.

Le genre de punition en usage est la *consigne*. Elle consiste en un temps plus ou moins long de retenue les

jours de sortie, d'arrêt dans la cour, de retenue en étude
pendant les récréations, de travail durant les études
libres du dimanche et des jours de fête, et de travaux
supplémentaires pendant les études ordinaires.

La consigne cesse un quart d'heure aux grandes récréations, cinq minutes aux petites récréations, avant la
rentrée.

Le silence pendant les arrêts est de rigueur.

Tout travail donné à titre de punition doit être un
travail utile. Il est déterminé par le maître et l'on exige
que l'écriture en soit convenable.

Une dictée à main posée, de 50 lignes prises dans un
livre in-12, ou tout travail analogue, est considéré comme
l'équivalent d'une consigne d'une demi-heure.

Les consignes peuvent être rachetées à raison de 50
points par demi-heure. Toutefois, dans des cas exceptionnels, le maître est en droit de refuser à un élève l'autorisation de racheter sa consigne par des points.

Les points d'*honneur* ne sont reçus en paiement de
punition ou de retenue qu'à raison de 100 points de
l'heure ou de fractions d'heure. Toutefois le bon d'honneur
de 500 points pourra racheter 6 heures de retenue, les
jours de sortie.

Toute faute qui donne lieu à une répression dépassant
la valeur de 200 lignes en 1re division, de 100 lignes en
2e et en 3e division, est l'objet d'un rapport adressé au
Préfet.

Si la faute entraînait une répression supérieure à 4 heures
de consigne, le rapport serait transmis à M. le Directeur.

Ces rapports sont faits de vive voix ; le maître qui le
préférerait pourrait les inscrire sur des bulletins où il
indiquerait la faute de l'élève et les premières répressions
dont elle a été l'objet.

Il y a lieu de faire un rapport pour toute faute grave,
telle que taquineries répétées contre des camarades, dissipation au dortoir ou dans le lieu saint, grossièreté des
expressions, etc.

Si les réprimandes ne suffisaient pas, le Préfet ferait
usage des moyens de répression mis à sa disposition ou
en référerait à M. le Directeur.

COMPOSITIONS

On compose le lendemain de la rentrée et une fois par
semaine pendant tout le cours de l'année.

La durée des compositions varie selon les classes et, de
plus, dans les classes supérieures et élémentaires, cette
durée varie selon les facultés.

La composition est présidée par le professeur qui enseigne les matières dans lesquelles se fait la composition.

Le professeur dresse un tableau qui contient la liste des places, avec indication distincte des non-composants et des absents.

Ce tableau sert à la proclamation des places qui est faite en même temps que la lecture des diverses notes de la semaine, chaque samedi, par le Préfet.

Toutes les compositions de l'année comptent pour les prix.

Il est fait au milieu de l'année, dans chaque faculté, une composition *cachée* qui compte pour deux. La dernière composition dans chaque faculté compte également pour deux. Toutes les compositions en Instruction religieuse sont comptées double dans l'Excellence. En Seconde et en Rhétorique, toutes les compositions roulant sur la matière de l'écrit du Baccalauréat, comptent également double dans l'Excellence.

Les listes des places de composition avec les noms des premiers sont affichées au parloir, le dimanche avant midi.

L'élève qui s'abstient de composer ou qui s'absente de la composition sans un motif agréé par M. le Directeur, est classé le dernier de sa classe.

L'élève qui, pour une cause même légitime, a été absent d'une composition, n'est admis à la faire en particulier, ni dans l'École, ni dans sa famille. Dans ce cas, il lui est assigné une place déterminée par la moyenne des places obtenues aux compositions dans la même faculté, durant l'année entière.

EXAMENS

Il y a trois sortes d'examens : les examens hebdomadaires, les examens mensuels et les examens trimestriels.

I. — *Examens hebdomadaires*

Les examens hebdomadaires des classes de Seconde, de Troisième et au-dessous, que l'on nomme *récapitulations*, se font par le professeur de chaque classe, tous les vendredis, à la classe de lettres du matin, ou, si la classe de lettres n'a lieu que le soir, à la classe du soir.

Ils comprennent toutes les leçons de mémoire et de préceptes de la semaine de la classe de lettres.

Les examens hebdomadaires des classes de Rhétorique et des Cours de Philosophie et de Sciences ont pour but de familiariser les élèves aux épreuves orales du baccalauréat. Ces examens, dits *colles*, se passent en particulier et devant des interrogateurs qui ne sont pas les professeurs de la classe à laquelle appartiennent les élèves interrogés.

Ils comprennent les parties des divers cours qui ont été

le plus récemment étudiées, se font le mercredi pendant les temps d'étude et dans l'ordre des matières suivantes :
1° Philosophie et Auteurs français ;
2° Mathématiques et Auteurs grecs ;
3° Physique ou chimie et Auteurs de langues vivantes ;
4° Histoire et géographie ;
5° Histoire naturelle et Auteurs latins.

Les notes sont, immédiatement après l'examen, remises au Préfet des études, avec l'énoncé des questions posées. La proclamation est faite avec celle des notes de la semaine.

Les notes à partir de 10 sont récompensées ; elles donnent droit à 50 points pour 10 et toutes les unités au-dessus ; par contre la note 7 fait perdre 50 points, ainsi que chaque unité au-dessous.

II. — *Examens mensuels*

C'est le Préfet des études qui fait passer les examens *mensuels* en présence du professeur et des élèves de la classe.

L'objet des examens mensuels comprend les leçons de mémoire, les leçons de grammaire auxquelles s'ajoutent, en Seconde, celles de littérature, et l'explication des auteurs français, latins ou grecs. Dans les classes élémentaires, les interrogations portent sur la lecture, l'écriture, l'orthographe, l'analyse et l'arithmétique.

III. — *Examens trimestriels*

Les examens *trimestriels* se passent en présence des Inspecteurs, du professeur et des élèves de la classe.

Ces examens portent sur toutes les matières enseignées pendant le trimestre : français, latin, grec, histoire et géographie, langues vivantes et sciences.

A partir de la 4ᵉ, chaque classe est interrogée, pour les lettres, par le professeur de la classe qui lui est immédiatement supérieure, en présence de son propre professeur.

Des bureaux composés de professeurs spéciaux sont formés pour les examens de langues vivantes et de sciences.

De même que l'examen du baccalauréat, qui se passe à la fin de l'année scolaire, comprend tout le programme des classes de Rhétorique, de Philosophie et de Sciences, l'examen trimestriel de fin d'année comprendra, pour toutes les classes jusqu'à la Seconde inclusivement, tout ce qui a été vu, depuis le commencement de l'année, dans les grammaires, et, pour la Troisième et la Seconde, toute l'histoire de la littérature et tous les auteurs français portés au programme. Les élèves de Cinquième, de Quatrième et de Troisième seront interrogés, à cet examen, sur toute la partie de la chrestomathie grecque qui leur est attribuée à apprendre par cœur.

Chaque classe devra donc voir son programme pendant les deux premiers trimestres, de façon à se garder les trois ou tout au moins les deux derniers mois pour repasser.

Les élèves de Rhétorique, de Sciences et de Philosophie subissent, à l'époque des examens mensuels et trimestriels, un examen écrit sur les matières prescrites par le programme du baccalauréat. Les compositions sont envoyées, pour chaque matière, par les inspecteurs des Études qui les corrigent et viennent faire passer l'oral à l'établissement.

On établit pour ces derniers élèves, avec les notes de l'écrit et de l'oral, un total ou une moyenne qui permet à chacun de calculer approximativement ses chances de succès à l'examen du baccalauréat.

IV. — *Sanction des examens*

Les élèves de Troisième et au-dessous qui, à un examen mensuel ou trimestriel, méritent la note 12, ont droit à 500 points d'honneur, s'ils sont du camp vainqueur. De même ceux qui, étant du camp vaincu, auraient obtenu la note 14.

Une moyenne de 10, pour l'écrit et l'oral, suffit, en raison de la difficulté plus grande de leurs examens, aux élèves de Seconde, de Rhétorique, de Sciences et de Philosophie, pour avoir droit à un bon de 1000 points d'honneur.

Il est accordé 200 points pour l'Instruction religieuse, 170 points pour les Mathématiques, 130 points pour les Langues vivantes, aux élèves qui, dans l'une ou l'autre de ces matières, auraient obtenu la note 14.

Ceux dont l'examen et l'application auraient été insuffisants, encourraient une retenue proportionnelle à leurs mauvaises notes.

ACADÉMIE

L'Académie, dite Académie d'Émulation, a pour but d'exciter et d'entretenir parmi les élèves l'émulation du savoir.

Elle se recrute dans toutes les classes jusqu'à la Cinquième inclusivement.

Ses Membres se partagent en trois degrés : *Aspirants de seconde classe, Aspirants de première classe, Titulaires.* Dans les classes de Grammaire (5e, 4e, 3e), les Académiciens portent le nom d'Agrégés.

Elle est administrée par *deux conseils,* celui des professeurs, sous la présidence du Directeur de l'École, celui des élèves dignitaires, Président, Vice-Président, Secrétaire, Conseillers, sous la présidence d'un professeur qui porte le titre de Directeur de l'Académie. Au Directeur de l'Académie est adjoint un autre maître avec le titre de

Sous-Directeur. Le premier Conseil nomme les dignitaires et confère les titres d'aspirants de première classe et de titulaires, le second confère les *témoignages* qui conduisent aux titres.

Les témoignages sont décernés pour les devoirs quotidiens de français, de latin, de grec, de langues vivantes et de mathématiques qui méritent la note 10 dans les classes de Seconde, de Rhétorique, de Philosophie et de Sciences, et la note 12 dans les autres classes.

Les promotions aux divers degrés de l'Académie se font

Il est institué deux [illegible] dant aux deux premiers degrés de l'Académie et décernés par le Conseil Académique. Pour être *aspirant de deuxième classe*, il faut présenter au Conseil Académique la moitié des devoirs inscrits, avec la note 10 dans les classes de Seconde et de Première et la note 12 dans les autres classes. Pour être *aspirant de première classe* il faut présenter les deux tiers de ces devoirs et faire en outre partie de la Congrégation. En aucun cas, sauf le baccalauréat, on ne pourra franchir d'un seul coup les deux premiers degrés

Pour être *Agrégé* des classes de Grammaire (5e, 4e, 3e) il faut en outre subir un examen oral portant sur les matières principales de l'enseignement : français, latin, grec, mathématiques, langues, indiquées à l'avance par le professeur comme sujet de concours et prises dans le programme suivi en classe.

Pour être *Académicien*, une composition française spéciale est requise en plus de l'examen précédemment indiqué. L'ensemble des notes d'écrit et d'oral est transmis ensuite au Conseil académique qui en délibère et propose ensuite au Conseil des Professeurs les candidats qu'il a jugés dignes d'être admis.

Les Bacheliers reçus en Juillet sont Académiciens de droit et les Bacheliers reçus en novembre, Aspirants de première classe (s'ils font en outre partie de la Congrégation).

Les Académiciens titulaires sont inamovibles. Les Agrégés manquant de suite deux témoignages de deuxième classes descendent d'un degré. Les Aspirants de première et de deuxième classe descendent d'un degré lorsqu'ils manquent un témoignage de deuxième classe, de même lorsqu'ils passent de Troisième en Seconde.

Les Privilèges de l'Académie sont :

1º Pour chacun des trois degrés, l'inscription au Tableau académique dans le parloir ;

2º Pour les aspirants de première classe, la participation aux soirées académiques et à la première promenade académique ;

3º Pour les titulaires, une place d'honneur dans les séances académiques, la participation à la grande promenade académique et l'inscription au palmarès.

Les titulaires des classes supérieures seuls portent les palmes académiques.

AGRÉGATION DES ARTS

L'Agrégation a le même but, relativement aux *Arts*, que l'Académie à l'égard des Lettres et des Sciences : exciter et entretenir l'émulation du travail parmi les élèves.

Elle comprend trois sections : la section de *Dessin*, la section de *Musique* et celle de *Diction*.

Elle se recrute dans les mêmes classes que l'Académie, et possède à peu près la même organisation. Les témoignages ne sont accordés et l'on ne monte à un degré supérieur qu'après examens, dans lesquels les candidats doivent donner des preuves de leur talent d'exécution, en même temps que d'une connaissance relative de la théorie de leur art.

On ne pourrait pas être agrégé si l'on n'occupait un rang honorable dans sa classe, en lettres, en histoire et en sciences.

Sauf à la promenade académique d'été et à l'insertion au palmarès, les agrégés participent aux mêmes privilèges que les académiciens.

DEVOIRS D'HONNEUR

Les devoirs d'honneur ont pour but de donner, à certains élèves, un moyen d'occuper utilement les loisirs que les devoirs journaliers de la classe leur laisseraient.

Des Prix spéciaux sont accordés, à la distribution solennelle des prix, aux élèves qui ont préparé des devoirs d'honneur.

Ces devoirs peuvent être écrits, mais l'écrit ne dispense jamais de l'examen oral.

Toutes les matières de l'enseignement peuvent être présentées en devoirs d'honneur, français, latin, grec, langues vivantes, sciences. L'élève arrête avec son professeur les matières à préparer.

L'examen ne se passe qu'à la fin de l'année scolaire ; pour être admis à le subir, il faut avoir obtenu au moins la note 12 au dernier examen trimestriel et avoir donné les preuves d'une préparation sérieuse. On ne regarderait pas comme sérieuse une préparation de quelques semaines. La note 11 suffit pour les élèves de Seconde.

Tout devoir d'honneur, de quelque nature qu'il soit, doit être l'équivalent, comme quantité et comme difficulté, de l'explication à livre ouvert des *Commentaires de César, de Bello Gallico*, par un élève de Quatrième.

Huit jours avant l'examen trimestriel de fin d'année, MM. les Professeurs remettent au Préfet des Etudes les noms des élèves qui ont préparé des devoirs d'honneur.

L'examen d'honneur se passe devant une Commission composée de deux Membres au moins. La note *Bien* est de rigueur pour mériter une récompense publique à la distribution des prix.

Un élève qui échoue à son examen d'honneur peut représenter le même devoir l'année suivante.

PRIX DE L'ASSOCIATION AMICALE DES ANCIENS ÉLÈVES

Un Prix, dit « Prix de l'Association amicale des Anciens Élèves », a été fondé en 1885. Ce prix est donné à l'élève quittant l'école qui s'est fait le plus remarquer par son travail, ses succès, sa conduite et sa bonne camaraderie. Le lauréat est désigné par M. le Directeur et les professeurs des classes supérieures, de concert avec deux membres du Comité des Anciens Elèves délégués à cet effet.

§ 7°. — *Devoirs de Vacances*

Rien, sauf le cas de maladie grave, ne saurait exempter des devoirs de vacances. On ne peut remplacer les devoirs donnés à l'Ecole par d'autres devoirs, même si l'on travaille sous la direction d'un professeur, sans l'agrément de M. le Directeur.

Les devoirs de vacances doivent être faits avec application et écrits très proprement.

Les élèves, qui omettent leurs devoirs en totalité ou en partie, subissent après la rentrée une retenue proportionnelle et font pendant les récréations ou les promenades ce qui manque ou laisse à désirer ; ils peuvent être privés de toute ou partie de la sortie de Novembre.

Une récompense de 500 points d'honneur est accordée aux élèves ayant obtenu la note 12 et un jour de sortie à ceux qui ont mérité la note 14.

§ 8°. — *Parloir*

Les parents seuls et les personnes munies de leur autorisation écrite ou dont les noms auront été donnés à M. le Directeur, peuvent voir les élèves au parloir.

Les élèves ne peuvent être appelés au parloir par des personnes demeurant à Blois que deux fois par semaine, le dimanche et le jeudi, de midi 1/2 à 1 h. 20.

Les personnes qui n'habitent pas la ville peuvent voir

leurs enfants tous les jours, de midi et demi à 1 h. 25 et de 4 heures 1/2 à 5 h.

Une autorisation de M. le Directeur est nécessaire pour voir les enfants en dehors des jours et des heures réglementaires.

Les élèves doivent quitter le parloir au premier signal donné par le concierge, et se trouver à leur rang, dans la cour, quand le dernier coup de cloche annonce la fin de la récréation.

Les ouvriers et fournisseurs attachés à la maison sont seuls reçus dans l'Ecole.

Le Préfet de discipline est chargé de les mettre en rapport avec les élèves.

§ 9°. — *Sorties*

Il y a les sorties de faveur, les sorties générales, les sorties d'honneur et les sorties extraordinaires.

Les élèves pensionnaires qui ont obtenu la permission de sortir doivent être pris à l'Ecole. Leurs parents ou leurs correspondants autorisés les font appeler par les billets ordinaires du parloir, et se présentent avec eux chez M. le Directeur qui contresigne les billets de sortie.

Aucun élève ne peut sortir s'il n'est en uniforme complet avec gants et s'il ne remet au concierge un billet signé du Préfet de discipline et du Directeur.

Tout élève en rentrant se présente au parloir avec la personne qui l'accompagne et tous les deux inscrivent leurs noms sur le registre des sorties.

Il est interdit aux élèves de se promener seuls les jours de sortie, de fumer dehors.

Il leur est également défendu d'entrer dans les hôtels, cafés ou librairies sans être accompagnés de leurs parents.

Les élèves en retard de rentrée encourent une retenue proportionnelle au retard.

Toute demande de sortie, en dehors des heures et conditions réglementaires, doit être adressée à M. le Directeur.

I. — *Sorties de faveur*

Les *sorties de faveur* ont lieu les dimanches ordinaires de 2 heures 3/4 à 8 heures, 8 heures et demie, à partir du 15 mai.

Pour sortir. il faut. en 3e et en 2e division, fournir 120 points ; en 1re division 170 points.

Pour jouir d'une sortie, en 2e et 3e division, il faut au moins avoir une prime de 3e classe ; en 1re division, il faut au moins avoir une prime de 2e classe, et donner en outre 20 points.

Les élèves qui ne sont pas de la ville peuvent sortir à 1 heure, à la condition qu'ils fournissent, en 1re division, 340 points, en 2e et 3e division, 240 points.

Dès la veille au soir, la liste des primes et des compositions est affichée au parloir, où elle peut être consultée par les parents.

Les sorties d'honneur, ne sont autorisées pour les pensionnaires, qu'avec le père, la mère, ou les grands-parents la sortie de faveur peut avoir lieu pour tous les élèves, avec les autres personnes de leur famille. Les élèves de Quatrième et au-dessous, peuvent sortir avec un correspondant autorisé par les parents et agréé par M. le Directeur.

II. — *Sorties générales*

La *sortie générale* est gratuite.

Un élève pourtant qui aurait, dans le mois, encouru de mauvaises notes et ne les aurait pas rachetées, pourrait être privé d'une partie et même de la totalité de la sortie générale.

Les sorties générales peuvent avoir lieu pour tous les élèves avec un correspondant autorisé.

Il y a sortie générale, aux jours indiqués par le Calendrier, de 7 heures 1/2 du matin à 8 heures 1/2 du soir. Les pensionnaires, même ceux de la ville, peuvent sortir la veille, à 4 heures.

III. — *Sorties d'honneur*

Les *sorties d'honneur* ont lieu le jeudi de 1 heure à 8 heures, avec 500 points, ou de 1 heure à 5 heures 1/2 avec 250 points, sauf pour les élèves qui n'ont pas obtenu la prime nécessaire le Samedi précédent.

Les demi-pensionnaires et les externes ne sont jamais exemptés des devoirs du jeudi soir, ni de l'étude, en 1re Division.

L'élève, qui donne 3000 points, a droit à un jour supplémentaire qu'il prend, quand il le juge à propos, avant ou après une sortie générale du mois.

IV. — *Sorties extraordinaires*

Les *sorties extraordinaires* peuvent être accordées, en quelque temps que ce soit, sur la demande expresse des parents, pour cause de maladie ou pour quelque grave exigence d'un devoir de famille. Elles ne sont accordées que par M. le Directeur.

Il est accordé, à titre extraordinaire et à la demande des parents, cinq jours de congé, après leur examen, aux élèves qui subissent l'épreuve du baccalauréat, à la session de novembre.

Les élèves qui, dans ces circonstances, sans un motif agréé par M. le Directeur, ne rentreraient pas au jour fixé, s'exposeraient à être sévèrement punis à leur retour.

§ 10. — *Externes et Demi-Pensionnaires*

Les externes et demi-pensionnaires, hors de l'école, sont placés sous la responsabilité immédiate des familles.

Toutefois, le public nous rendant facilement responsables des désordres commis au dehors par nos élèves, toute faute compromettante pour l'honneur de l'Ecole sera sévèrement punie et pourra devenir un cas d'exclusion.

Pour les autres articles du règlement particuliers aux externes et aux demi-pensionnaires, consulter le livret de correspondance.

§ 11°. — *Avis divers*

Les élèves ne peuvent avoir que les livres classiques adoptés dans l'Ecole et des livres de piété. L'introduction de tout livre de lecture est formellement interdite aux élèves de la première division.

Les livres de lecture en 2° et en 3° division doivent être soumis, dès leur introduction dans l'Ecole, à l'approbation du Préfet de discipline.

L'introduction de toute espèce de comestibles est interdite.

Les coffrets fermant à clef sont absolument interdits.

C'est au parloir que MM. les Professeurs reçoivent les parents.

Les parents sont instamment priés de ne jamais envoyer de friandises à leurs enfants : d'après la règle de l'Ecole, elles ne leur seraient pas remises.

La lingerie est ouverte aux parents deux fois par semaine, le jeudi et le samedi, de 1 h. à 2 h.

Il faut la permission de M. le Directeur pour entrer dans les cours des élèves, dans les dortoirs ou dans quelque autre partie de la maison que ce soit, sauf le parloir et la lingerie qui sont ouverts en temps convenable, suivant la règle.

N.-B. — *Le Directeur reçoit les parents, dans l'après-midi, de 1 heure à 3 heures tous les jours, excepté le mercredi. Le dimanche il ne reçoit que de 1 heure à 1 heure 1/2, à cause des vêpres.*

L'Econome est à son bureau tous les jours, de 1 h. à 3 h., excepté le dimanche et le mercredi.

EXTRAIT

DU

Programme des Etudes

ET

LISTE

DES

Auteurs suivis dans les Classes

Ce programme est conforme au plan d'Etudes des Lycées, et en particulier à la Circulaire ministérielle du 27 juillet 1906, relative à l'enseignement de l'Histoire, de la Géographie et des Mathématiques. Il sera tenu au courant de la nouvelle législation dès qu'elle aura été fixée.

CLASSE DE ONZIÈME

(5 et 6 ans)

Lecture, écriture, explication du sens des mots et des phrases
Lecture et écriture des chiffres et des nombres.
Petits exercices de mémoire.
Leçons de choses.

AUTEUR

RAGON :   Syllabaire.

CLASSE DE DIXIEME

(7 ans)

Perfectionnement de la lecture et de l'écriture, *explication du sens des mots et des phrases*. — Etude et définition des principales parties du discours. — Exercices de copie ; les élèves doivent s'appliquer à reproduire très exactement l'orthographe de chaque mot. — Exercices oraux et petites dictées sur l'orthographe d'usage et les règles d'accord les plus élémentaires.
Petits exercices de mémoire.
Exercices de numération et d'addition.
Premières notions d'Histoire Sainte et de Géographie.
Leçons de choses.

AUTEURS	OUVRAGES	ÉDITEURS
	Catéchisme du Diocèse.	*Duguet*.
	Évangiles.	*Poussielgue*.
	Histoire Sainte.	
	Lectures courantes (Cours élémentaire.	*Id*.
LEBAIGUE :	Lectures expliquées, classe de 9e.	*Belin*.
	Petite Grammaire française.	
DUPONT :	Premiers éléments de Géographie.	*Poussielgue*.

CLASSE DE NEUVIÈME

(8 ans)

La Neuvième est la classe où s'achève l'initiation au travail personnel, à la méthode et aux connaissances les plus élémentaires.

On s'attache surtout dans cette classe à l'enseignement de l'orthographe, et l'on commence l'analyse grammaticale. Il importe de faire particulièrement remarquer aux enfants l'orthographe d'usage.

L'étude de la première partie de la grammaire, c'est-à-dire de la lexicologie et des conjugaisons avec de nombreuses applications, forme la partie principale du programme de cette classe. — Exercices de copie : les enfants doivent être habitués à une copie plus rapide et plus exacte. — Petites dictées, analyses grammaticales.

Les enfants sont aussi exercés tous les jours à la lecture, à l'écriture et à la récitation française *avec explication du sens des mots et des phrases.*

Histoire et Géographie. — On continue l'étude de l'histoire sainte, et, dans l'enseignement de la géographie, on habitue les enfants surtout à l'usage des termes géographiques et des instruments d'étude de cette matière, comme cartes, globes, etc.

Sciences. — Nombreux exercices d'addition, de soustraction, de multiplication et de division sur les nombres entiers. — Fréquents exercices de calcul mental.

Pour développer, dans les enfants, l'esprit d'observation et les exercer à exprimer ce qu'ils ont observé, le maître a soin, par des questions variées et des explications claires d'attirer leur attention sur les êtres au milieu desquels ils vivent et sur les phénomènes qui se passent sous leurs yeux.

L'élève qui a fait la Neuvième doit être en état de lire très couramment à haute voix, d'écrire promptement, bien lisiblement et assez correctement, sous la dictée, un texte facile, et de faire l'analyse grammaticale de tous les mots de sa dictée. Il doit aussi connaître les quatre opérations de l'arithmétique sur les nombres entiers.

AUTEURS	OUVRAGES	ÉDITEURS
	Instruction religieuse	
	Catéchisme du diocèse.	*Duguet.*
	Evangiles.	*Poussielgue*

Langue française

Nouvelle Grammaire fran-
çaise (cours préparatoire). *Robert.*
Lectures expliquées (classe
de 9ᵉ).
Lectures courantes (cours
moyen.) *Poussielgue.*

Histoire et Géographie

L'abbé BERNARD : Histoire sainte (cours
élémentaire). *Belin.*
DUPONT : Premiers éléments de Géographie. *Poussielgue.*

Sciences

F. P. B. : Exercices de calcul avec
problèmes. *Mame.*

CLASSE DE HUITIÈME

(9 ans)

La Huitième ouvre, à proprement parler, la série des
classes dites de grammaire. Dans toutes ces classes,
jusqu'à la quatrième inclusivement, c'est la science des
grammaires, l'art d'écrire correctement, que les élèves
s'efforcent principalement d'acquérir dans l'étude des
langues.

L'objet propre de la Huitième est de perfectionner les
enfants dans l'orthographe, l'analyse grammaticale et le
calcul élémentaire. On y commence l'analyse logique et
de petites rédactions de descriptions ou de récits préparés
en classe.

Lecture et récitation française *avec explication du sens
des mots et des phrases.* — Écriture. — Lecture du latin
en tenant compte de l'accent. — Révision de la première
partie de la grammaire et étude des règles les plus élémentaires de la syntaxe. — Dictées. — Analyses. — Dans
les classes élémentaires, les dictées se font par phrases
séparées dont chacune est épelée et corrigée avant que la
suivante soit donnée à écrire.

Histoire et Géographie. — Histoire sainte. — Histoire sommaire de la France depuis ses origines jusqu'à 1610. Géographie élémentaire des cinq parties du monde.

Sciences. — Revision des quatre opérations des nombres entiers. — Opérations sur les nombres décimaux. — Exercices de calcul mental, petits problèmes. — Leçons de choses. — Géométrie intuitive.

AUTEURS	OUVRAGES	ÉDITEURS

Instruction religieuse

	Catéchisme du diocèse.	*Duguet.*
	Evangiles.	*Poussielgue.*
	Psautier (Pour la lecture du latin)	*Mame.*

Langue française

Mgr Guérin :	Dictionnaire français.	*Poussielgue.*
	Nouvelle Grammaire française (cours élémentaire).	*Robert.*
	Lectures expliquées (classe de 8e).	
F. P. B.	Lectures instructives et amusantes (manuscrit).	*Poussielgue.*

Histoire et Géographie

L'abbé Bernard :	Histoire sainte (cours moyen).	*Belin.*
Melin :	Premiers éléments d'Histoire de France.	*Bloud et Barral.*
Dupont :	Premiers éléments de Géographie.	*Poussielgue.*

Sciences

Bourlet :	Petit Cours d'Arithmétique (1re partie).	*Hachette.*

CLASSE DE SEPTIÈME

(10 ans)

Ce qui caractérise la classe de Septième, c'est une étude plus approfondie des principales règles de la syntaxe et de l'analyse logique.

Langue française. — On continue les exercices de récitation *avec explication du sens précis des mots et des phrases.* La lecture doit être l'objet d'une attention particulière : elle est considérée comme un exercice de diction. Revision et continuation de la grammaire avec exercices.

Dictées (tous les jours selon la méthode indiquée en Huitième), exercices oraux et écrits d'analyses grammaticales et d'analyses logiques.

Histoire et Géographie. — Histoire sommaire de la France depuis 1610 jusqu'en 1871. — Récits simples, petits résumés. — Géographie élémentaire de la France et de ses colonies.

Sciences. — Calcul des nombres entiers et des nombres décimaux. — Système métrique. Petits problèmes. — Calcul mental et Géométrie intuitive. — Leçons de choses.

Dans tout son enseignement, quelle qu'en soit la matière, le professeur a soin de questionner fréquemment les élèves et de les habituer à répondre promptement et à s'exprimer correctement.

L'élève qui a fait sa Septième, doit être à même d'écrire assez correctement sous la dictée un texte tiré d'un classique, d'analyser grammaticalement et logiquement une phrase ordinaire, et de composer un petit récit sur des sujets d'histoire.

AUTEURS	OUVRAGES	ÉDITEURS

Instruction religieuse

	Catéchisme du diocèse.	*Duguet.*
	Evangiles.	*Poussielgue.*
L'abbé BERNARD :	Histoire sainte (cours moyen).	*Belin.*
	Psautier de David.	

Langue française

| Mgr GUÉRIN : | Dictionnaire français. | *Poussielgue* |

	Grammaire française (cours élémentaire).	*Robert.*
LA FONTAINE :	Fables (les 6 premiers livres).	*Mame.*

Histoire et Géographie

MELIN :	Premiers éléments d'Histoire de France.	*Bloud et Barral.*
DUPONT :	Géographie élémentaire. Les 5 parties du monde.	*Poussielgue*

Sciences

BOURLET :	Petit cours d'Arithmétique (2e partie).	*Hachette.*
BOUANT :	Leçons de choses.	

Langue Latine

	Petite Grammaire latine. Exercices latins sur la petite Grammaire latine.	
LHOMOND :	Epitome historiæ sacræ.	*Poussielgue.*

CLASSE DE SIXIÈME

(11 ans)

Dans cette classe, on développe l'étude de la syntaxe française.

Langue française. — Lecture, *explication* et récitation d'auteurs. — Exercices variés d'orthographe et de grammaire, dictées à toutes les classes de français et selon la méthode des classes élémentaires. Analyses grammaticales et logiques. — Petites compositions sur des sujets en rapport avec l'âge des enfants.

Langue latine. — Etude des déclinaisons, des conjugaisons et desprincipales règles de la syntaxe. — Analyse logique, exercices écrits et oraux de thèmes et de versions. — Le professeur commence à attirer l'attention des enfants sur les mots primitifs et les dérivés, comme aussi sur le groupement de ces mots par familles. Il insiste, dans les traductions, sur la méthode à suivre pour bien traduire et sur le sens précis des mots qui reviennent le plus souvent.

Langues vivantes. — Lecture, écriture, récitation de

mots usuels et nombreux exercices de conversation sur les mots appris. — Etude de l'article, du substantif, de l'adjectif, des pronoms et des verbes réguliers. — Etude toute particulière du genre en allemand. — Petites dictées, exercices oraux et écrits de thèmes et de versions faciles.

Histoire et Géographie. — Histoire des peuples anciens de l'Orient, histoire grecque, histoire romaine, géographie générale du monde et du bassin de la Méditerranée.

Sciences. — Revision des quatre opérations et du système métrique, avec exercices de calcul mental et problèmes ; fractions ordinaires ; règles de trois, réduction à l'unité.

AUTEURS	OUVRAGES	ÉDITEURS

Instruction religieuse

| | Catéchisme du diocèse. | *Duguet.* |
| | Evangiles. | *Poussielgue.* |

Langue française

ROBERT et **CHAZALET** :	Nouvelle Grammaire française (cours moyen).	*Robert.*
Mgr **GUÉRIN** :	Dictionnaire français.	*Poussielgue.*
LA FONTAINE :	Fables (les 6 derniers livres).	*Mame.*
	Morceaux choisis des poètes et des prosateurs français (cours élémentaire.)	

Langue latine

QUICHERAT :	Dictionnaire français-latin.	*Hachette.*
CHATELAIN :	Lexique latin-français.	*Id.*
BRELET :	Petite grammaire latine.	*Masson.*
	Exercices latins sur la petite Grammaire latine	
GIRARD :	Epitome historiæ Sacræ.	*De Gigord.*
LHOMOND :	De Viris.	*Id.*

Langue allemande

| **PEY** : | Lectures enfantines. | *Delagrave.* |
| **HALBWACHS** et **WEBER** : | La 1re année d'Allemand. | *Colin.* |

Langue anglaise

Baret :	L'année préparatoire d'anglais.	Colin.
Dulac :	Premières leçons d'Anglais.	Delaplane.
Dulac :	A first year of English.	Id.
Bergeron :	The Happy Reader.	Id.

Histoire et Géographie

Piolet et Bernard :	L'Antiquité.	Vitte.
Dupont :	Cours de Géographie (classe de 6°).	De Gigord.
	Géographie de la France.	

Sciences

Bourlet :	Arithmétique (Petit cours).	Hachette.
Lamounette :	Zoologie.	Garnier.

CLASSE DE CINQUIÈME

(12 ans)

Langue française. — On achève l'étude de la syntaxe de la grammaire française, en même temps qu'on en approfondit les principales difficultés. — Lecture, explication et récitation d'auteurs. — Exercices d'orthographe, dictées, analyses logiques. — Compositions faciles sur des sujets dont le professeur a donné de courts sommaires ou dont il a lu, en classe, le développement.

Langue latine. — Revision des éléments et étude plus développée de la syntaxe. — Le professeur continue d'attirer l'attention des élèves sur les mots primitifs, les mots dérivés, leur groupement par familles, la différence qui existe entre la construction latine et la construction française. — Récitation d'auteurs. - Exercices oraux et écrits de thèmes et de versions. — Analyses logiques. — Les élèves doivent s'habituer, dès les classes élémentaires, à écrire correctement leurs traductions françaises et à ne *jamais laisser échapper de contre bon sens.*

Langues vivantes. — Vocabulaire. — Exercices de conversation sur les mots appris et les textes expliqués. — Étude plus complète de l'article, du substantif, de l'adjectif, des pronoms et des verbes réguliers. — Dictées, exercices oraux et écrits de thèmes et de versions avec règles les plus simples de la construction.

Histoire et Géographie. — Histoire ancienne du Moyen-Age et commencement des temps modernes (395-1498). — Géographie de l'Asie, de l'Insulinde et de l'Afrique.

Sciences. — Etude de l'arithmétique au point de vue exclusivement pratique. — Revision du système métrique. — Règles de trois, d'intérêt, d'escompte, de mélange et d'alliage. — Problèmes. — On ajoute à l'arithmétique des exercices de géométrie : tracé des figures les plus élémentaires de la géométrie plane, mesure des surfaces et des volumes les plus simples.

AUTEURS	OUVRAGES	ÉDITEURS

Instruction religieuse

| | Catéchisme du diocèse. — Récitation du texte des trois parties. | *Duguet.* |
| CAULY : | Explication approfondie de la 2ᵉ partie. | *De Gigord.* |

Langue française

ROBERT et CHAZALET :	Grammaire française Exercices (cours supérieur).	*Robert.*
RAGON	Morceaux choisis des poètes et des prosateurs français, (cours élémentaire).	*De Gigord.*
RACINE :	*Esther* (avant Pâques).	*Id.*

Langue latine

QUICHERAT :	Dictionnaire français-latin.	*Hachette.*
Id.	Id. latin-français.	*Id.*
CHATELAIN :	Lexique latin-français.	*Id.*
BRELET :	Abrégé de Grammaire de la langue latine.	*Masson.*
Id.	Exercices sur la Grammaire.	*Id.*
BORNECQUE :	Les Auteurs du programme (5ᵉ et 6ᵉ A).	*Delagrave.*

Langue allemande

HALBWACHS et WEBER : La 1re année d'allemand *(avant Pâques).*   *Colin.*
       Id.   La 2e année d'al-
lemand *(après Pâques).*
DRESCH :   Dictionnaire français-alle-
mand et allemand-fran-
çais.   *Delalain*
CLARAC et WINTZWEILLER : Deutsches Sprachbuch. (Classe de 5e).   *Masson.*

Langue anglaise

BARET :   La deuxième année d'anglais.   *Colin.*
BELJAME :   English and the English.   *Hachette.*
ELWALL :   Dictionnaire anglais-fran-
çais et français-anglais.   *Delalain.*

Histoire et Géographie

PIOLET et BERNARD : Le Moyen-Age et
commencement des temps
modernes.   *Vitle.*
DUPONT :   Géographie de l'Asie, de
l'Insulinde et de l'Afrique. *De Gigord.*

Sciences

BOURLET :   Arithmétique (abrégé).   *Hachette.*
LAMOUNETTE : Botanique et Géologie.   *Garnier*

CLASSE DE QUATRIÈME

(13 ans)

La Quatrième, la dernière des classes dites de grammaire, est surtout consacrée à l'achèvement de l'étude de la composition des mots et des grammaires.

Langue française. — A la révision complète de la grammaire, aux dictées et à l'analyse logique, on joint des notions élémentaires sur la formation des mots d'origine populaire, savante, étrangère, sur les doublets. — Notions élémentaires de versification — Lecture et explication des textes suivis, récitation d'auteurs. — Dictées à chacune des classes de français. — Biographie sommaire des auteurs à l'occasion des morceaux expliqués. — Compositions très simples.

Langue latine. — Grammaire complète. — On continue à étudier les procédés de dérivation et de composition des mots, ainsi que la construction latine comparée à la construction française, par des exemples tirés des textes expliqués.— Exercices oraux sur le vocabulaire.— Récitation et explication des auteurs surtout au point de vue des mots, de la grammaire et de l'histoire. — Exercices oraux et écrits de thèmes, de versions, d'analyses logiques. — Biographie sommaire des auteurs à l'occasion des textes expliqués. — Etude générale de la prosodie, vers hexamètres et pentamètres à retourner.

Langue grecque. — (Facultative). Grammaire grecque. Exercices grecs écrits et oraux.

A la fin de la Quatrième, les élèves doivent connaître à fond les règles de la grammaire française et de la grammaire latine, bien posséder toute la morphologie de la grammaire grecque et un répertoire déjà considérable de mots.

Langues vivantes. — Etude du vocabulaire et de la grammaire. — Exercices de conversation sur les mots appris et les textes expliqués. — Dictées. — Exercices oraux et écrits de thèmes et de versions.

Histoire et Géographie. — Histoire des temps modernes (1453-1789). — Géographie générale. — Amérique.

Sciences. — Opérations algébriques, équat. du 1er degré ; problèmes simples. — Les deux premiers livres de géométrie. — Dans l'étude de la géométrie, le professeur s'attachera à faire ressortir l'enchaînement des propositions.

AUTEURS	OUVRAGES	ÉDITEURS

Instruction religieuse

	Catéchisme du diocèse. — Récitation du texte des trois parties. — Explication approfondie de la 3e partie, d'après Cauly.	*Duguet.*
		De Gigord.

Langue française

	Nouvelle Grammaire française et Exercices (cours supérieur.	*Id.*

RAGON :   Morceaux choisis de litté-
        rature française (cours
        moyen).   *De Gigord.*
RACINE   *Athalie* (après Pàques).
LA FONTAINE : Fables.

Langue latine

QUICHERAT :   Dictionnaire français-latin. *Hachette.*
  Id.   Id.   latin-français.   *Id.*
  Id.   Thesaurus poeticus.   *Id.*
BRELET :   Grammaire de la langue
        latine.   *Masson.*
        Exercices sur la Gram-
        maire
LECHEVALLIER : Prosodie latine.   *De Gigord.*
CÉSAR :   *De Bello Gallico* (avant
        Pàques).   *Id.*
OVIDE :   Métamorphoses (av. Pàques). *Id.*
VIRGILE :   Enéide, liv. I et II (après
        Pàques).   *Id.*
CICERON :   De Senectute.   *Id.*
BORNECQUE : Les Auteurs du programme. *Delagrave.*

Langue grecque

RAGON :   Grammaire (Précis de).   *De Gigord.*
  Id.   Premiers exercices grecs. *Id.*
  Id.   Chrestomathie.   *Id.*

Langue allemande

HALBWACHS et WEBER : La 3ᵉ annéé d'alle-
        mand.   *Colin.*
DRESCH :   Lexique allemand-français. *Hachette.*
  Id.   Dictionnaire français-alle-
        mand.   *Delalain.*
CLARAC et WINTZWEILLER : Deutsches
        Sprachbuch. (Clas. de 4ᵉ). *Masson.*

Langue anglaise

Gibb :	Grammaire.	*Didier.*
Id.	Cours de thèmes.	*Id.*
Goldsmith :	The Vicar of Wakefield.	*De Gigord.*
Elwall :	Dictionnaire français-anglais et anglais-français.	*Delalain.*
Liegaud-Wood :	Speak English, 3° degré.	*Vuibert.*
Meadmore :	Les Idiotismes et les Proverbes de la Conversation.	*Hachette.*

Histoire et Géographie

Piolet et **Bernard :**	Les Temps modernes.	*Vitte.*
Dupont :	L'Europe.	*De Gigord.*

Sciences

Bourlet :	Arithmétique (cours abrégé d').	*Hachette.*
Dufailly :	Géométrie plane, premiers éléments à l'usage des classes de lettres. — Les deux premiers livres.	*Delagrave.*

CLASSE DE TROISIÈME

(14 ans)

L'objet de la Troisième est particulièrement d'apprendre aux élèves à saisir la propriété des termes par le choix des expressions, ainsi que le génie des trois langues classiques pour le tour et la construction de la phrase.

A la fin de cette classe, un élève devrait, non seulement comprendre le sens d'une version et le rendre correctement en français, mais encore savoir apprécier la vraie valeur de chaque expression latine et reproduire dans sa traduction la force, l'élégance et les autres qualités du texte, comme aussi les nuances du sens général de la phrase. En outre, il devrait être capable de donner à son style, dans les compositions françaises, les thèmes latins et les versions, une tournure qui prouve une certaine connaissance du génie de la langue dans laquelle il écrit.

Langue française. — Revision des principales règles de la grammaire à l'occasion des traductions et des compositions françaises. — Revision des lois qui ont présidé à la formation des mots avec exemples et applications. — Prosodie française. Lecture, explication littéraire et récitation d'auteurs. — Notions sommaires sur les principes de littérature, particulièrement à l'occasion des textes expliqués. — Histoire littéraire de la Littérature française. — Compositions françaises : le professeur a soin d'exiger la plus grande correction dans tous les devoirs français au point de vue de l'orthographe.

Langue latine. — Revision de la grammaire et de la prosodie. — Explications et récitation d'auteurs, exercices d'analyses grammaticales et d'analyses logiques. Versions et thèmes. — Notions sommaires d'histoire littéraire à l'occasion des textes expliqués et dictés.

Grammaire grecque. — Revision et continuation de la grammaire. — Etude des mots primitifs, dérivés et composés, des groupements par famille.—Explication d'auteurs. Versions et thèmes. — Analyse. — Notions d'histoire littéraire à l'occasion des textes expliqués et dictés.

Langues vivantes — Etude du vocabulaire et de la grammaire. — Lecture, explication d'auteurs. — Exercices de conversation sur les mots appris et les textes lus et expliqués. — Le professeur insistera sur la bonne prononciation et la correction

Histoire et Géographie. — Epoque contemporaine. On insistera sur les institutions, tout en évitant les abstractions. — La géographie comprend la France et ses colonies.

Sciences. — Compléments d'arithmétique. Au lieu de se borner, comme dans les classes précédentes, à familiariser les élèves avec la pratique du calcul, le professeur démontrera les règles, tout en évitant les démonstrations trop compliquées. — L'algèbre sera étudiée jusqu'aux équations du second degré exclusivement, en insistant sur la résolution pratique des problèmes. — On achèvera l'étude de la géométrie plane. — Eléments de Physique et de Chimie.

AUTEURS	OUVRAGES	ÉDITEURS

Instruction religieuse

	Catéchisme du diocèse. —	*Duguet.*
	Récitation du texte des trois parties. — Explication approfondie de la 1re partie, d'après Cauly.	*De Gigord.*

Langue française

ROBERT et CHAZALET : Grammaire française
  Exercice (cours supérieur) *Robert.*
BLANLŒIL : Histoire de la Littérature
  française.
  Théâtre classique. *Belin.*
DES GRANGES : Morceaux choisis de litté-
  rature française (cours
  supérieur
BOILEAU : Satires et épitres. *Hatier.*
CHATEAUBRIAND: Récits, scènes, paysages. *De Gigord.*

Langue latine

BRELET : Grammaire Latine. *Masson.*
  Id. Exercices (classes supé-
  rieures). *Id.*
LECHEVALLIER : Prosodie latine. *Poussielgue.*
SALLUSTE : (*avant Pâques*).
VIRGILE : Épisodes des Géorgiques
  (*avant Pâques*). *Id.*
  Id. Enéide, Livre IV à VIII
  (*après Pâques*). *Id.*
CICÉRON: Catilinaires (*après Pâques*). *Id.*

Langue grecque

RAGON : Grammaire (Précis de). —
  Revision. *De Gigord.*
  Id. Exercices sur la gram-
  maire abrégée. *Id.*
XÉNOPHON: Anabase et Cyropédie.

Langue allemande

HALBWACHS et WEBER : La 3e année d'alle-
  mand. *Colin.*
DRESCH : Lexique allemand-français. *Hachette.*
  Id. Dictionnaire français-alle-
  mand. *Delalain.*
CLARAC et WINTZWEILLER : Deutsches
  Sprachbuch (Classe de 3e). *Masson.*
BOSSERT et BECK : Les mots allemands
  groupés d'après le sens. *Hachette*

Wagner :	Guillaume Tell.	*De Gigord.*
Schmitt :	Les auteurs allemands (classe de 3ᵉ).	*Delagrave.*

Langue anglaise

Gibb :	Grammaire.	*Didier.*
Id.	Cours de thèmes	*Id.*
	Modern English reader, 2ᵉ partie.	*Id.*
Elwall :	Dictionnaire français-anglais et anglais-français,	*Delalain.*
Liégaux-Wood :	Speak English, 3ᵉ degré.	*Vuibert.*
Meadmore :	Les Idiotismes et les Proverbes de la Conversation.	*Hachette.*
Id.	Exercices sur les Idiotismes et proverbes.	*Id.*

Histoire et Géographie

Piolet et Bernard :	L'époque contemporaine.	*Vitte.*
Dupont :	La France et ses colonies.	*De Gigord.*

Sciences

Bourlet :	Arithmétique (cours abrégé).	*Hachette.*
Varroy et Le Bail :	Algèbre (éléments d').	
Dufailly :	Géométrie.	*Delagrave.*
X...	Comptabilité. — Droit usuel.	

CLASSE DE SECONDE

(15 ans)

L'objet de la classe de Seconde est de former, par des lectures choisies et l'explication des auteurs, le goût littéraire des élèves, comme aussi de donner, principalement par des compositions françaises, un sage essor à leur imagination.

L'élève qui termine sa Seconde doit être en état d'écrire en français avec correction et élégance, d'analyser les beautés littéraires d'un auteur français ou latin et de traduire correctement et avec élégance les auteurs latins ou grecs qui n'offrent pas de difficultés spéciales.

Langue française. — Revision des lois qui ont présidé à la formation de la langue. — Principes de littérature sur les genres principaux et les genres secondaires. — Versification française. — Lecture, explication et récitation des auteurs. — Histoire de la littérature depuis les origines jusqu'à la mort de Henri IV. — Compositions françaises (narrations, lettres, descriptions, portraits, parallèles, analyses et critiques littéraires).

Langue latine. — Revision des règles les plus fréquemment usitées de la grammaire. — Exercices de prosodie et étude des principaux mètres employés par Horace. — Histoire de la littérature. — Analyse et biographie des auteurs. — Récitation d'auteurs, thèmes et versions.

Langue grecque. — Revision de la grammaire. — Histoire de la littérature. — Analyse et biographie des auteurs. — Thèmes et versions.

Langues vivantes. — Suite des études du vocabulaire. — Lecture courante. — Revision de la grammaire complétée par l'étude des idiotismes et des notions de prosodie. — Explication des auteurs et éléments d'histoire littéraire à propos des morceaux expliqués. — Le professeur n'oublie pas que les élèves doivent être habitués à la langue parlée autant qu'à la langue écrite, et il a soin de provoquer des conversations sur les textes lus ou expliqués. — Thèmes et versions.

Histoire et Géographie. — Histoire de l'Europe et particulièrement de la France dans les temps modernes. On insiste sur les institutions 2e A et B. Histoire ancienne de l'Orient et Histoire Grecque.

Géographie générale.

Sciences. — Programme du Plan d'Études des Lycées.

AUTEURS	OUVRAGES	ÉDITEURS

Instruction religieuse

| | Catéchisme. — Récitation des trois parties. — Revision approfondie du texte d'après Cauly, des parties les plus importantes vues en 5e, en 4e et en 3e. — Notions de liturgie d'après Cauly. | *De Gigord.* |
| MENUGE : | Histoire de l'Eglise. | *Id.* |

Langue française

| ROBERT et CHAZALET : | Grammaire française. | *Robert.* |
| P. MESTRE : | Principes de littérature | *Delhomme.* |

Doumic : Histoire de la Littérature française. *Delaplane.*

F. Caruel : Etude sur les auteurs français. *Cattier.*

Des Granges : Morceaux choisis. **Hatier.**
Théâtre classique. *Belin.*

Corneille : Horace. — Théâtre choisi. *De Gigord.*
Chanson de Roland : Extraits (avant le 1er janvier).

Villehardouin : Extraits. (Après le 1er Janvier)

Joinville
Froissard } Extraits. *Id.*
Commines

Montaigne : Extraits. *Id.*
Chefs-d'œuvre poétiques de Marot, Ronsard, du Bellay, d'Aubigné, Régnier.

Bossuet : Oraisons funèbres. *Id.*

La Bruyère : Caractères (ap. le 1er janv.) *De Gigord.*

La Fontaine : Fables. (Après Pâques).

Rousseau : Morceaux choisis. *Id.*

X*** : Lettres choisies du XVIIIe siècle. *Id.*
Chefs-d'œuvre poétiques de Lamartine et de Victor Hugo.

Boileau : Œuvres classiques.

Langue latine

Brelet : Grammaire complète. *Masson.*

Blanlœil : Histoire de la Littérature latine.

Levrault : Auteurs latins. *Delaplane.*

Tacite : Vie d'Agricola. — Germanie. *De Gigord.*

Virgile : Enéide (liv. IX à XI). — Bucoliques.

Tite-Live : Livres XXIII, XXIV et XXV. } *Id.*

Horace : Odes.

Cicéron : De Signis.

Langue grecque

Ragon : Grammaire (Précis de). *De Gigord.*

Levrault : Auteurs grecs. *Delaplane*

PLUTARQUE :   Vie de Périclès et extraits.   *De Gigord.*
EURIPIDE :   Iphigénie à Aulis.   *Id.*
HOMÈRE :   Iliade. Odyssée.
H. COGNET :   Manuel des verbes irrégu-
                liers.   *Lecoffre.*

Langue allemande

HALBWACHS et WEBER : La 3ᵉ année d'al-
                lemand.   *Colin.*
   Id.   Exercices allemands de 3ᵉ
                année.   *Id.*
CLARAC et WINTZWEILLER : Deutsches
                Sprachbuch (Classe de 2ᵉ). *Masson.*
DRESCH :   Dictionnaires français-alle-
                mand et allem.-français. *Delalain.*
GŒTHE :   Hermann et Dorothée.   *De Gigord.*
BOSSERT et BECK : Les mots allemands
                groupés d'après le sens.   *Hachette.*

Langue anglaise

CORSIN :   English grammar.   *Hachette.*
ELVALL :   Dictionnaire.   *Delalain.*
GIBB :   Cours de thèmes.   *Didier.*
                Modern English Reader, 3ᵉ
                partie.   *Id.*
DICKENS :   Christmas Carol.   *Hachette.*
MEADMORE :   Les Idiotismes et les Pro-
                verbes de la Conversation
                anglaise.   *Id.*
   Id.   Exercices.   *Id.*

Histoire et Géographie

PIOLET et BERNARD : Histoire moderne.   *Ville.*
   Id.   Histoire ancienne.   *De Gigord.*
DUPONT :   Géographie générale   *Id.*
DRIOUX :   Atlas complet.   *Belin.*

Sciences

CAMMAN et GRIGNON : Algèbre.   *De Gigord.*
ANDRÉ :   Géométrie.   *André Guédon.*
BASIN :   Physique.   *Vuibert.*
MATIGNON et LAMIRAUD : Chimie.   *Masson.*
MAILLARD :   Problèmes de physique.   *Vuibert.*
CAMMAN et FASBINDER : Algèbre et Géométrie. *De Gigord.*

CLASSE DE PREMIÈRE

(16 ans)

La Première (Rhétorique) est la classe de préparation immédiate à l'examen du baccalauréat. Le professeur fait tous ses efforts, comme on doit le faire, du reste, dans chaque classe, pour combler les lacunes qui peuvent se trouver dans les connaissances de plusieurs de ses élèves, mais il ne doit pas oublier que cette classe ne saurait être transformée en une simple préparation au baccalauréat.

La Rhétorique est le complément des études littéraires. On y étudie la littérature particulièrement au point de vue de l'éloquence.

Langues française, latine et grecque. — Notions des principales règles de l'art oratoire.

On continue l'étude de la littérature française, depuis l'avènement de Louis XIII, jusqu'à nos jours : revision des siècles précédents et des littératures latine et grecque.

Les auteurs latins et grecs sont expliqués non seulement au point de vue de la traduction, mais aussi comme modèles d'éloquence.

Discours ou compositions en français, analyse d'auteurs choisis dans les trois langues classiques, le français, le latin et le grec. — Versions latines et grecques.

Dans l'enseignement de l'histoire littéraire, le professeur s'attache à mettre en lumière les caractères essentiels de la littérature des principales époques, à marquer la filiation des grandes œuvres et à indiquer la place occupée par les genres secondaires.

Langues vivantes. — L'étude des langues vivantes continue de comprendre la récitation des mots et celle de la grammaire, l'explication des auteurs, des exercices de lecture et de conversation et des notions littéraires propos des textes expliqués.

Histoire de la France et de l'Europe de 1715 à 1815 1 A et B. Histoire Romaine, Gaule Franque. Empire byzantin.

Géographie physique, historique, politique et économique de la France et de ses colonies.

Sciences. — Programme du Plan d'Etudes des Lycées.

AUTEURS	OUVRAGES	ÉDITEURS

Instruction religieuse

MOULARD et VINCENT :	Cours d'*apologétique chrétienne*.	*Bloud*.
MENUGE :	Histoire de l'Église.	*Poussielgue*.

Langue française

René Doumic :	Histoire de la Littérature française depuis le XVIIe siècle.	
LEVRAULT :	Auteurs français.	
P. MESTRE :	Principes de littérature. — Revision.	*Delhomme et Briquet*
*LA BRUYÈRE :	Caractères.	*Poussielgue*.
*FÉNELON :	Lettres sur les occupations de l'Académie française.	
*BOILEAU :	Art poétique.	*Id.*
*MOLIÈRE :	Le Misanthrope ; Revision.	
*RACINE :	Théâtre.	
*CORNEILLE :	Chefs-d'œuvre.	*Poussielgue*.
*RAGON :	Morceaux choisis de littérature française.	*Id.*
ADERER :	Théâtre classique.	*Belin*.
PASCAL :	Pensées (Provinciales, Ier, IVe, XIIIe et extraits).	
*BOSSUET :	Oraisons funèbres (et Sermons choisis).	*Poussielgue*.
*BUFFON :	Discours sur le style (et extraits).	*Id.*
*VOLTAIRE :	Siècle de Louis XIV (et extraits de prose).	*Id.*
*LA FONTAINE :	Fables. — Chefs-d'œuvre des écrivains du XIXe siècle.	*Mame*.

Langue latine

BLANLŒIL :	Histoire de la Littérature latine.	

LEVRAULT :	Auteurs latins.	
CICÉRON :	*Pro Milone.* — Choix de lettres.	*Poussielgue.*
LUCRÈCE :	Extraits.	
HORACE :	Satires et Épîtres.	*Id.*
TACITE :	Annales. — Livre XIII.	*Id.*

Langue grecque

RAGON :	Précis de Grammaire.	*De Gigord.*
EGGER :	Littérature grecque.	*Delaplane.*
LEVRAULT :	Les auteurs grecs.	
PLATON :	Extraits.	*Poussielgue.*
HOMÈRE :	Iliade. — Odyssée.	*Id.*
SOPHOCLE :	Œdipe à Colone.	*Id.*
DÉMOSTHÈNE :	Première Philippique. — Discours sur la Couronne.	*Id.*

Langue allemande

SCHWARTZ :	Memento de la Grammaire Allemande.	*Foureau.*
HALBWACHS et WEBER : La 3ᵉ année d'allemand		*Colin.*
Id.	Exercices allemands de 3ᵉ année.	*Id.*
BOSSERT et BECK : Les mots allemands groupés d'après le sens.		*Hachette.*
CLARAC et WINTZWEILLER : Deutsches Sprachbuch. (Classe de 1ʳᵉ).		*Masson.*
SCHMITT :	Les auteurs allemands du programme (2ᵉ Cycle). Révision des auteurs de Troisième et de Seconde.	*Delagrave.*
DRESCH :	Dictionnaire.	

Langue anglaise

CORSIN :	English grammar.	*Hachette.*
BELLOWS :	Dictionnaire anglais-français.	*Id.*

SHAKESPEARE : Julius Cœsar. — Macbeth. *De Gigord.*
BOURDON : Extraits de l'histoire d'Angleterre de Macaulay. *Id.*
HOVELAQUE : Selections from Addison. *Didier.*
MEADMORE : Les Idiotismes et les Proverbes de la Conversation anglaise. *Hachette.*

Histoire et Géographie

PIOLET et BERNARD : Histoire de l'*Europe* et de la *France* depuis 1715 jusqu'à 1815. *Ville.*
Id. Histoire romaine. *Id.*
DUPONT : Géographie de la *France* et de ses possessions coloniales. *De Gigord.*
DRIOUX : Atlas complet. *Id.*

Sciences

CAMMAN et GRIGNON : Algèbre. *De Gigord.*
SCHLESSER : Trigonométrie. *Delagrave.*
ANDRÉ : Géométrie. *André Guédon.*
CHOLLET : Géométrie descriptive. I. *Vuibert.*
BASIN : Physique. *Id.*
MATIGNON et LAMIRAUD : Chimie. *Masson.*
MAILLARD : Problèmes de physique. *Vuibert.*
CAMMAN et FASBINDER : Algèbre et Géométrie. *De Gigord.*

COURS DE PHILOSOPHIE

La Philosophie complète la série régulière des classes de l'enseignement secondaire.

Elle a pour objet de rendre les élèves capables de raisonner avec justesse sur les questions d'ordre moral, de découvrir le vice d'une argumentation défectueuse et de la réfuter, de leur donner des connaissances précises et raisonnées sur les questions qui intéressent le plus l'humanité, les facultés de l'homme, la liberté, la distinction du bien et du mal, la nature de l'âme, son immortalité, Dieu et la providence, la religion, la famille, la patrie, la société, etc.

On enseigne aussi dans cette classe l'histoire de la philosophie, l'analyse d'un certain nombre d'auteurs philosophiques, l'histoire contemporaine de 1815 à 1889, la physique, la chimie, les sciences naturelles, les langues vivantes, la géographie économique des principales puissances du monde.

Instruction religieuse

MOULARD et VINCENT : Cours d'*apologétique*
                    chrétienne.   *Bloud.*
MENUGE :   Histoire de l'Eglise.   *De Gigord.*

Philosophie

LAHR :   Cours de Philosophie.   *Beauchesne.*
CONDILLAC :   Traité des sensations.   *Alcan.*
Cl. BERNARD : Introduction à la médecine
               expérimentale.   *Delagrave.*

Auteurs latins

EPICTÈTE :   Manuel.   *Id.*

Auteurs grecs

XÉNOPHON :   Mémorables, livre 1".   *Id.*

Auteurs allemands et Anglais

          Comme en Première.   *Delagrave.*

Sciences

TURPAIN :   Éléments de physique.   *Vuibert.*
MATIGNON et LAMIRAUD : Chimie.   *Masson.*
CAUSTIER :   Sciences naturelles.   *Vuibert.*

Histoire

PIOLET et BERNARD :   Histoire contempo-
               raine.   *Vitte.*
VIDAL-LABLACHE : Atlas complet. — Les
            principales puissances du
            monde.   *Collin.*

COURS DE SCIENCES

Le Cours de Sciences a le même programme que la Philosophie pour l'histoire, la géographie, l'allemand et l'anglais. Le programme de philosophie est réduit aux éléments de philosophie morale et de philosophie scientifique ; il n'en comprend pas moins dans cette dernière partie la plupart des questions importantes énumérées ci-dessus.

Son programme pour la partie scientifique a pour base celui de la classe de Mathématiques élémentaires.

Partie scientifique

COMBETTE :	Arithmétique.	*Alcan.*
GREVY :	Algèbre.	*Vuibert.*
ANDRÉ :	Géométrie.	*André Guédon.*
CHOLET :	Géométrie descriptive.	*Vuibert.*
SCHLESSER :	Trigonométrie.	*Delagrave.*
GUICHARD :	Mécanique.	*Vuibert.*
GRIGNON :	Cosmographie.	*Id.*
BASIN .	Physique.	*Id.*
MATIGNON et LAMIRAUD : Chimie.		*Masson.*
MAILLARD :	Problèmes de Physique.	*Vuibert.*

Partie littéraire

PIOLET et BERNARD : Histoire contempo-		
	raine.	*Vitte.*
LAHR :	Cours de Philosophie.	*Beauchesne.*

CALENDRIER SCOLAIRE

OCTOBRE 1922

(Mois du Rosaire)

1 Lundi.   Rentrée (1). — A 7 h. dîner, récréation. — 8 h., du soir, tous les élèves internes doivent être rentrés. — Prière, coucher.

2 Mardi.   6 h. 1/2, lever, prière. — Récréation. — 7 h. 3/4, Déjeuner. — Les élèves de chaque division sont conduits par groupes à la lingerie pour chercher leurs livres. — 8 h. 1/4, rentrée des demi-pensionnaires et des externes. — 8 h. 1/2 à 10 h., composition en version latine (orthographe et analyse pour Huitième, Septième et Sixième A. — 10 h., rentrée du Cours Saint-Louis. — Récréation. — 10 h. 1/2, étude, distribution des livres classiques. — 11 h. 3/4, récréation. — Midi, dîner, récréation. — 1 h. 1/2, étude. — 2 h. 1/2, classe par le professeur titulaire. — 4 h. 1/2, récréation et goûter. (On remet à MM. les professeurs les cahiers de devoirs de vacances). — 5 h. 1/2, étude. — 7 h., prière, dîner et coucher.

3 Mercredi. Règl. du jeudi. — 6 h., lever. — 8 h. à 10 h., classe par le professeur titulaire. — 10 h. 1/2, **Messe du Saint-Esprit** (2). — 1 h. 20, dortoir. — 2 h., promenade. — 5 h. 1/2, Etude. — 6 h., Ouverture de la Retraite, Salut. — 7 h., dîner, coucher.

(1) Les élèves en retard de rentrée, sans raison légitime, seront privés de la sortie du mois de novembre.
(2) Les parents des élèves sont invités à y assister.

4 Jeudi. Règl. de la retraite (1). — 6 h., lever. — 7 h., entrée des demi-pensionnaires et des externes des 1re et 2e divisions. — Méditation à la chapelle et sainte messe. Prières du Rosaire. — 8h., déjeuner (étude pour les demi-pensionnaires et les externes), récréation. — 8 h. 1/2, classe, horaire du Mercredi, 1re heure. — 9 h. 1/2, étude. — 10 h., récréation. — 10 h. 1/4, instruction, étude. — 1 h. 1/2, étude. — 2 h. 1/4, classe. — 3 h. 1/4, récréation. — 3 h. 1/2, instruction, étude. — 4 h. 1/2, goûter et récréation. — 5 h., étude. — 6 h., instruction suivie du salut. — Départ des demi-pensionnaires et des externes des 2e et 3e divisions. — Étude. — 7 h., dîner. — Les élèves de Huitième, de Neuvième et au-dessous ont classe comme d'ordinaire. Ils ne suivent aucun des exercices de la retraite.

5 Vendredi. Règl. ord. de la retraite. — Horaire du Vendredi, 1re heure. — 1er Vendredi du mois.

6 Samedi. Règl. ord. de la retraite. — Horaire du Samedi, 1re heure.

7 Dimanche. *20e Dimanche après la Pentecôte.* — *Fête du Très Saint-Rosaire.* — Clôture de la retraite. — Règl. des fêtes de 1re classe. — Lever à 6 h. — Réservé.

8 Lundi. Règl. ord., excepté : Lever 6 h. — le soir, promenade, règl. du Jeudi soir excepté pour l'étude. — 1 h. 20, dortoir. — 1 h. 3/4, visite. — 2 h., départ. — 5 h. 1/2, étude.

9 Mardi. Règl. ord.
10 Mercredi. Règl. ord.
11 Jeudi. Règl. ord., excepté : 8 h., messe à laquelle tous les élèves assistent. — 8 h. 1/2, composition. — 10 h. 1/2, récréation. — 10 h. 50, étude : de même tous les jeudis, sauf avis contraire.

(1) Les élèves ne vont pas au parloir pendant la retraite, excepté ceux de la campagne qui peuvent y aller le samedi.

12 Vendredi. Règl. ord.
13 Samedi. Règl. ord. — 1 h. 1/2 Proclamation des pla-
          ces et des notes de la semaine.
14 Dimanche. *21ᵉ Dimanche après la Pentecôte.* —
          Règl. ord. — A la messe, quête pour
          les âmes du Purgatoire. — Sortie de
          faveur. — Les élèves *de la campagne*
          peuvent sortir à 1 h. en donnant le
          double des points requis pour la sortie
          simple.
15 Lundi.   Règl. ord.
16 Mardi.   Règl. ord. — Concertation en 7ᵉ.
17 Mercredi. Règl. ord. — Colle d'auteurs français.
18 Jeudi.   Règl. ord.
19 Vendredi. Règl. ord.
20 Samedi. Règl. ord.
21 Dimanche *22ᵉ Dimanche après la Pentecôte.* —
          Règl. ord. — Sortie de faveur.
22 Lundi   Règl. ord.
23 Mardi.   Règl. ord. — Concertation en 6ᵉ.
24 Mercredi. Règl. ord. — Colle de philosophie et
          d'auteurs latins.
25 Jeudi.   Règl. ord.
26 Vendredi. Règl. ord.
27 Samedi. Règl. ord.
28 Dimanche. *23ᵉ Dimanche après la Pentecôte.* —
          S. Simon et S. Jude, Ap. — Sortie de
          faveur.
29 Lundi.   Règl. ord.
30 Mardi.   Règl. ord.
31 Mercredi. *Vigile de la Toussaint.* — Règl. ord.
          excepté : Midi : Sortie générale.

NOVEMBRE

(Mois des âmes du Purgatoire)

1 Jeudi.   TOUSSAINT. — Sortie.
2 Vendredi. *Les Trépassés.* — 8 h. 1/2 du soir :
          rentrée. (1).

(1) Pendant le mois de Novembre, il est dit une grand'messe pour
les bienfaiteurs défunts de l'Ecole et une autre pour les Anciens
Elèves défunts. — Sont compris sous le nom de bienfaiteurs, tous
ceux qui, à un titre quelconque, ont concouru à la fondation, au
développement et à la prospérité de l'Ecole. Ces messes sont dites
à 8 h. Après la messe, récréation d'un quart d'heure et classe jusqu'à 10 h.

3 Samedi. 6 h., lever. — 7 h., messe. — 8 h. 1/2,
classe. — 10 h., récréation. — 4 h. 1/4,
salut.
4 Dimanche. *24e Dimanche après la Pentecôte.* —
Règl. ord. — Sortie de faveur.
5 Lundi. Règl. ord.
6 Mardi. Règl. ord. — Concert. en 5e.
7 Mercredi. Règl. ord. — Commencement des examens. — Colle de physique et chimie,
et de langues vivantes.
8 Jeudi. Règl. ord.
9 Vendredi. Règl. ord.
10 Samedi. Règl. ord.
11 Dimanche. *25e Dimanche après la Pentecôte.* —
Règl. ord. — Sortie de faveur.
12 Lundi. Règl. ord.
13 Mardi. Règl. ord.
14 Mercredi. Règl. ord. — Colle de mathématiques et
d'auteurs grecs.
15 Jeudi. Règl. ord.
16 Vendredi. Règl. ord.,
17 Samedi. Règl. ord. — Proclamation des notes
d'examen et du tableau d'honneur.
18 Dimanche. *26e après la Pentecôte.* — Règl. ord. —
Quête pour les âmes du purgatoire. —
Sortie de faveur.
19 Lundi. Règl. ord.
20 Mardi. Règl. ord.
21 Mercredi. *Fête de la Présentation de la Sainte
Vierge.* — 7 h., messe. — 8 h. 1/4,
classe. — 4 h. 1/4, Salut. — Concertation en 4e. — Règl. ord. — Colle
d'histoire et de géographie.
22 Jeudi. Règl. ord. — *Sainte Cécile.*
23 Vendredi. Règl. ord.
24 Samedi. Règl. ord.
25 Dimanche. *27e Dimanche après la Pentecôte.* —
Règl. ord. — Sortie de faveur.
26 Lundi. Règl. ord.
27 Mardi. Règl. ord. — Concertation en 3e.
28 Mercredi. Règl. ord. — Colle d'histoire naturelle
et d'auteurs latins.
29 Jeudi Régl. ord.
30 Vendredi. *Saint André.* — Règl. ord.

DÉCEMBRE

1 Samedi. Règl. ord.
2 Dimanche. *1er de l'Avent.* — Règl. ord. — Sortie de faveur.
3 Lundi. Règl. ord.
4 Mardi. Règl. ord. — Concertation en 2e.
5 Mercredi. Règl. ord. — Commencement des examens de langues vivantes dans les classes inférieures.
6 Jeudi. Règl. ord.
7 Vendredi. *Premier vendredi du mois.* — Règl. ord., excepté : 7 h., messe. — 8 h. 1/4, classe. — 4 h. 1/4, salut.
8 Samedi. *Fête de l'Immaculée Conception.* — 7 h., messe. — 8 h. 1/4, classe. — 4 h. 1/4, salut.
9 Dimanche. *2° de l'Avent.* — *Solennité de la Fête de l'Immaculée Conception.* — Règl. ord. — Sortie de faveur.
10 Lundi. Règl. ord.
11 Mardi. Règl. ord.
12 Mercredi. Règl. ord.
13 Jeudi. Règl. ord. — excepté : 4 h. 1/2 Séance académique.
14 Vendredi. Règl. ord. — Examen de Mathématiques pour les classes inférieures, de 8 h. à 10 h. et de 2 h. 1/2 à 4 h. 1/2.
15 Samedi. Règl. ord.
16 Dimanche. *3e de l'Avent.* — Règl. ord. — Sortie de faveur. — Quête pour les âmes du Purgatoire. Examen d'Instruction religieuse de 10 h. 1/4 à 11 h. 3/4.
17 Lundi. Règl. ord. — Pendant cette semaine, compositions d'examen et d'Instruction religieuse.
18 Mardi. Règl. ord.
19 Mercredi. Quatre-temps. — Règl. ord.
20 Jeudi. Règl. ord.
21 Vendredi. *Saint-Thomas, Ap.* — Quatre-temps. — Règl ord.
22 Samedi. Quatre-temps. — Règl. ord.
23 Dimanche. *4e de l'Avent.* — Règl. ord. — Sortie de faveur.

24 Lundi. *Veille de Noël.* — Règl. ord., excepté : 7 h., dîner et coucher. — 11 h. 20, lever. — 11 h. 3/4, *Messe de minuit.* — Communion à la messe. — Réveillon. — Coucher.

25 Mardi. Noel. — 7 h. 1/2, lever. — 8 h., prière à la chapelle, *Messe de l'Aurore,* déjeuner. — 9 h. 1/2, étude, puis règl. des fêtes de 1re classe. — Quête pour les Séminaires à la grand'messe et au salut.

26 Mercredi. *S. Étienne.* — 6 h. lever. — 8 h. 1/2, Examen trimestriel. — 11 h. 1/2, ré-récréation. — 1 h. 1/2, suite de l'exa- suite de l'examen. — 4 h. 1/2, récré- ation. — 5 h., 1/2, étude. — 7 h., dîner.

27 Jeudi. *S. Jean l'Évangéliste.* — 6 h., lever. — 7 h. 3/4, déjeûner, récréation. — 8 h., 1/2, suite de l'examen. — 10 h. 1/2, récréation. — 11 h., étude. — 2 h., visite à Monseigneur. — 2 h. 3/4, Pro- clamation des notes d'examen et du tableau d'honneur. — 4 h. 1/2, sou- haits de bonne année. — Salut Solennel d'Actions de grâces. — Récréation. — 6 h., étude. — 7 h., dîner.

28 Vendredi. 4 h. 3/4 lever. — 6 h., messe. — Ou- verture des vacances.

29 Samedi. Vacances.

30 Dimanche. Vacances.

31 Lundi. Vacances.

JANVIER 1924

1 Mardi. *Circoncision de N.-S.* — Vacances.

2 Mercredi. Vacances.

3 Jeudi. Vacances. — 8 h. 1/2, clôture des va- cances.

4 Vendredi. *Premier vendredi du mois.* — 7 h., messe. — 8 h. 1/2 classe. — 4 h. 1/4, salut.

5 Samedi. Règl. ord.

6 Dimanche. *Solennité de la Fête de l'Epiphanie.*
         — Règl. des fêtes de 1re classe jusqu'à
         midi. Quête pour les Missions africaines.
         — Sortie de faveur

7 Lundi.   Règl. ord.
8 Mardi.   Règl. ord. — Concertation en 1re.
9 Mercredi.   Règl. ord.
10 Jeudi.   Règl. ord.
11 Vendredi.   Règl. ord.
12 Samedi.   Règl. ord.
13 Dimanche. 2e *dimanche après l'Épiphanie.* — Sortie
         de faveur.
14 Lundi.   Règl. ord.
15 Mardi.   Règl. ord. — Concertation en Philosophie.
16 Mercredi.   Règl. ord. — Colle d'histoire naturelle,
         d'auteurs latins et de Physique.
17 Jeudi.   Règl. ord.
18 Vendredi.   Règl. ord.
19 Samedi.   Règl. ord.
20 Dimanche. 3e *Epiphanie.* — Règl. ord. — Quête
         pour les âmes du Purgatoire. — Sortie
         de faveur.
21 Lundi.   Règl. ord.
22 Mardi.   Règl. ord. — Concertation en 7e.
23 Mercredi.   Règl. ord. — Colle de philosophie et
         d'auteurs français et grecs.
24 Jeudi.   Règl. ord.
25 Vendredi.   Règl. ord.
26 Samedi.   Règl. ord.
27 Dimanche. 4e *Epiphanie.* — Règl. ord. — Sortie de
         faveur.
28 Lundi.   Règl. ord.
29 Mardi.   Règl. ord. — Concertation en 6e.
30 Mercredi.   Règl. ord. Colle de Mathématiques.
31 Jeudi.   Règl. ord.

FÉVRIER

1 Vendredi. *Premier vendredi du mois.* — Règl.
         ord. excepté 7 h., messe. — 8 h. 1/4,
         classe. — 4 h. 1/4, salut.
2 Samedi.   *Purification de la Sainte Vierge.* —

Règlement du dimanche jusqu'à midi, sauf l'instruction religieuse remplacée par une étude. — Le soir : Règl. ord. excepté 4 h. 1/4, salut.

3 Dimanche. *5ᵉ Epiphanie.* — Règl. ord. — Sortie de faveur.

4 Lundi. Règl. ord.

5 Mardi. Règl. ord. — Concertation en 5ᵉ.

6 Mercredi Règl. ord. — Colle de langues vivantes.

7 Jeudi. Règl. ord.

8 Vendredi. Règl. ord.

9 Samedi. Règl. ord.

10 Dimanche. *6ᵉ Epiphanie.* — Règl. ord. — Sortie de faveur.

11 Lundi. Règl. ord.

12 Mardi. Règl. ord. — Concert. en 4ᵉ.

13 Mercredi. Règl. ord. — Colle d'Histoire et de Géographie.

14 Jeudi. Règl. ord.

15 Vendredi. Règl. ord.

16 Samedi. Règl. ord.

17 Dimanche *Septuagésime.* — Règl. ord. — Quête pour les âmes du Purgatoire. — Sortie de faveur.

18 Lundi. Règl. ord.

19 Mardi. Règl. ord. — Concertation en 3ᵉ.

20 Mercredi. Règl. ord. — Colle de philosophie.

21 Jeudi. Règl. ord.

22 Vendredi. Règl. ord.

23 Samedi. Règl. ord.

24 Dimanche. *Sexagésime.* — *Saint Mathias, Ap.* — Règl. ord.

25 Lundi. Règl. ord. — Commencement des examens.

26 Mardi. Règl. ord. — Concertation en 2ᵉ.

27 Mercredi. Règl. ord. — Colle de physique et d'auteurs latins.

28 Jeudi. Règl. ord.

29 Vendredi. Règl. ord. — 1 h. 1/2, Proclamation des notes d'examen et du Tableau d'honneur.

MARS

(Mois de saint Joseph)

1 Samedi.   Règl. ord. jusqu'à midi. — Midi, départ général pour les vacances.

2 Dimanche. *Quinquagésime.* — Vacances.

3 Lundi.   Vacances.

4 Mardi.   Vacances.

5 **Merc. des Cendres** Rentrée des vacances avant 10 h. — 11 h., messe et imposition des Cendres. — Tous les élèves viennent en uniforme.

6 Jeudi.   Règl. du Vendredi. — Composition le matin.

7 Vendredi. *Premier vendredi du mois.* — Règl. du jeudi excepté : 7 h., messe. — 8 h. 1/4, classe. — 2 h. salut.

8 Samedi.   Règl. ord.

9 Dimanche. *1er Dimanche de Carême.* — Règl. ord. — Sortie de faveur.

10 Lundi.   Règl. ord.

11 Mardi.   Règl. ord. — Concertation en 1re.

12 Mercredi. Règl. ord. — Quatre-Temps. — Colle de Mathématiques et de grec.

13 Jeudi.   Règl. ord.

14 Vendredi. Règl. ord. — Quatre-temps. — 4 h., Chemin de Croix.

15 Samedi.   Règl. ord. — Quatre-Temps.

16 Dimanche. *2e Dimanche de Carême.* — Règl. ord. — Quête pour les âmes du Purgatoire. — Sortie de faveur.

17 Lundi.   Règl. ord.

18 Mardi.   Règl. ord.

19 Mercredi. *Fête de Saint Joseph.* — Règl. ord. excepté : 7 h., messe de communion. — 8 h. 1/4, Classe. — 4 h. 1/4, salut. — Colle de Langues vivantes.

20 Jeudi.   Règl. ord. excepté : 4 h. 1/2, Séance académique.

21 Vendredi. Règl. ord. — 4 h., chemin de la Croix.

22 Samedi.   Règl. ord.

23 Dimanche. *3e dimanche de Carême.* — Règl. ord. —
Sortie de faveur.
24 Lundi. Règl. ord.
25 Mardi. *Fête de l'Annonciation.* — Règl. ord.,
excepté : 7 h., messe. — 8 h. 1/4,
classe. — 4 h. 1/4, salut. — Concertation en Philosophie.
26 Mercredi. Règl. ord. — Colle d'Histoire et de Géographie.
27 Jeudi. Règl. ord.
28 Vendredi. Règl. ord — 4 h., Chemin de la Croix.
29 Samedi. Règl. ord.
30 Dimanche. *4e dimanche de Carême.* — Règl. ord.,
— Sortie de faveur.
31 Lundi. Règl. ord. — Pendant cette semaine,
compositions d'examen et commencement des examens de Langues vivantes
dans les classes inférieures.

AVRIL

1 Mardi. Règl. ord.
2 Mercredi. Règl. ord.
3 Jeudi. Règl. ord.
4 Vendredi. Règl. ord. — Examen de mathématiques dans les classes inférieures.
5 Samedi. Règl. ord.
6 Dimanche. *Passion.* — Règl. ord. excepté : 10 h. 1/4,
examen d'instruction religieuse. —
11 h. 3/4, récréation. — Sortie de faveur.
7 Lundi. Règl. ord.
8 Mardi. Règl. ord.
9 Mercredi. Règl. ord.
10 Jeudi. Règl ord.
11 Vendredi. *Compassion de la Sainte Vierge.* — Règl.
ord., excepté : 7 h., messe. — 8 h. 1/4,
classe. — 4 h. 1/4, salut.
12 Samedi. Règl. ord.
13 Dimanche. *Des Rameaux.* — Règl. ord. excepté :
8 h. 1/2, messe chantée, précédée de
la bénédiction des Rameaux. — Pas
d'Instruction religieuse. — 11 h.,
étude. — Sortie de faveur.

14 Lundi. Examen trimestriel de lettres, sciences et langues vivantes.

15 Mardi. Suite de l'examen.

16 **MERC.-SAINT.** Règl. ord., excepté : 1 h. 3/4, Promenade, 7 h., dîner.

17 **JEUDI-SAINT.** 6 h., lever. — 7 h. 1/2, office, déjeuner, récréation. — 10 h., classe par le professeur titulaire. — 11 h., étude. — Pas de parloir. — — 1 h. 1/2, proclamation des notes de tableau d'honneur et d'examen. — 2 h. 1/4, classe du mercredi soir, première heure (1) — 3 h. 1/4, récréation. 3 h. 1/2, *ténèbres*, puis récréation. — 5 h., étude. — 5 h. 1/2, Instruction à la Chapelle. — 7 h., dîner.

18 **VEND.-SAINT.** 6 h., lever. — 7 h. 3/4, déjeuner dans la cour. — 8 h. 1/2, office, récréation. — 10 h. 1/2, classe — 11 h. 1/2, étude. — 1 h. 1/2, étude. — 2 h., classe. — 3 h., récréation. — 3 h. 1/4, chemin de Croix. — 4 h., goûter, récréation. — 5 h., étude. — 5 h. 1/2, instruction à la chapelle, étude. — 7 h. dîner.

19 **SAMEDI-SAINT.** 4 h. 3/4, lever, prière. — **Ouverture des vacances.**

Du 19 au 30 avril, vacances de paques (2).

30 Mercredi. 7 h., souper. — 8 h. 1/2, clôture des vacances.

---

(1) Première heure : il en est de même pour les classes de vendredi.

(2) Les élèves qui se préparent aux examens publics de la session *Juillet-Août* doivent revenir de vacances avec les papiers nécessaires : extrait de naissance légalisé par le juge de paix ou le président du tribunal de première instance, la demande du candidat avec l'autorisation de son père ou tuteur dont la signature sera légalisée par le maire.

MAI
(Mois de Marie)

1 Jeudi. *S. Philippe* et *S. Jacques, Ap.* — Règl. ord. du Vendredi excepté : 6 h., lever. — 7 h. 3/4, déjeuner. — 8 h. 1/2, classe. — 4 h., Ouverture du mois de Marie.

2 Vendredi. *Premier Vendredi du mois.* — Règl du jeudi. excepté : 7 h., messe. — 8 h. 1/4 classe. — 2 h., salut.

3 Samedi. Règl. ord.

4 Dimanche. *2º dimanche après Pâques.*—Règl. ord.— Clôture des Pâques. — Chant du *Te Deum* au salut. — Sortie de faveur.

5 Lundi. Règl. ord.

6 Mardi. Règl. ord. — Concertation en 7º.

7 Mercredi. Règl. ord. — Colle de philosophie et d'auteurs français.

8 Jeudi. Règl. ord.

9 Vendredi. Règl. ord.

10 Samedi. Règl. ord.

11 Dimanche. *3º Dimanche après Pâques.* — *Solennité de la Féte de Saint-Joseph.* — Règl. des fêtes de 1ʳᵉ classe jusqu'à midi. — Sortie de faveur.

12 Lundi. Règl. ord.

13 Mardi. Règl. ord. — Concertation en 6º.

14 Mercredi. Règl. ord. — Colle de physique et d'auteurs grecs.

15 Jeudi. Commencement du règlement d'été.

16 Vendredi. Règl. ord.

17 Samedi. Règl. ord.

18 Dimanche. *4º après Pâques.* — Quête pour les âmes du Purgatoire. — Règl. ord. — Sortie de faveur.

19 Lundi. Règl. ord.

20 Mardi. Règl. ord. — Concertation en 5º.

21 Mercredi. Règl. ord. — Colle de Mathématiques et de langues vivantes.

22 Jeudi. Règl. ord.

23 Vendredi. Règl. ord.

24 Samedi. Règl. ord. excepté : 4 h., Souhaits de fête à M. le Directeur. — 6 h., étude.

25 Dimanche. *5e Dimanche après Pâques.* — Règl. des fêtes de 1re classe jusqu'à midi. — Sortie de faveur.

26 Lundi. 1er jour des Rogations (1). — Règl. ord., excepté : 7 h., messe avec récitation des litanies des Saints.

27 Mardi. 2e jour des Rogations. — Règl. ord., excepté : 7 h. messe et litanies. — Composition de 8 h. à 10 h.

28 Mercredi. *3e jour des Rogations.* — Règl. ord., excepté : 7 h., messe et litanies.

29 Jeudi. ASCENSION DE N.-S. — Fête de l'Ecole à l'occasion de la Réunion annuelle de l'Association des Anciens Elèves. — Règl. des fêtes de 1re classe, excepté : 9 h. 1/4, Messe solennelle au sanctuaire de N.-D. des Aydes, en Vienne. — Le soir, salut et promenade.

30 Vendredi. Règl. ord., excepté : 6 h., lever. — 7 h. 3/4 déjeuner. — 8 h. 1/2, classe.

31 Samedi. Règl. ord., excepté : 4 h., clôture du mois de Marie.

JUIN

(*Mois au Sacré-Cœur*)

1 Dimanche. Fête du Cours Saint-Louis à l'occasion de la réunion annuelle de l'Association des Anciens Elèves. — Règl. des fêtes de 1re classe. — Le soir salut et promenade.

2 Lundi. Règl. ord. — Commencement des examens.

3 Mardi. Règl. ord.

4 Mercredi. Règl. ord. — Colle d'Histoire et de Géographie.

5 Jeudi. Règl. ord.

6 Vendredi. *Premier Vendredi du mois.* — Règl. ord. — Proclamation des notes d'examen et du Tableau d'Honneur.

(1) Les Rogations sont des prières publiques qui ont pour but d'attirer les bénédictions de Dieu sur les biens de la terre.

7 Samedi. 4 h. 3/4, lever. — 6 h., messe. — 7 h., sortie générale

8 Dimanche. FÊTE DE LA PENTECÔTE. — Sortie.

9 Lundi. 8 h. 1/2 du soir, rentrée des pensionnaires.

10 Mardi. 6 h., lever. — 7 h. 3/4, déjeuner. — 8 h. 1/2, classe, puis règl. ord.

11 Mercredi. Quatre-Temps. — Règl. ord. — Colle d'histoire naturelle et d'auteurs latins.

12 Jeudi. Règl. ord.

13 Vendredi. Quatre-Temps. — Règl. ord.

14 Samedi. Quatre-Temps. — Règl. ord.

15 Dimanche. *Fête de la Sainte Trinité.* — Fête des Congrégations. — Règl. des fêtes de 1re classe jusqu'à midi. — Le soir, règlement du dimanche. — Sortie de faveur.

16 Lundi. Règl. ord.

17 Mardi. Règl. ord. — Concertation en 4e.

18 Mercredi. Règl. ord. — Colle de mathématiques et d'auteurs grecs.

19 Jeudi. *Fête-Dieu.* — Règl. ord., excepté : 8 h., Messe et exposition du Saint-Sacrement. suivie de la bénédiction. — De 8 h. 35 à à 10 h. 35, composition.

20 Vendredi. Règl ord. — 4 h. 1/4, salut (tous les jours de l'Octave). — Toutes les compositions doivent être terminées.

21 Samedi. Règl. ord.

22 Dimanche. *Solennité de la Fête-Dieu.* — Règl. ord., excepté : 10 h. 1/4, examen d'Instruction religieuse. — Exposition du Saint-Sacrement avant la grand'messe, qui est suivie de la bénédiction. — 2 h. 40, départ pour la Cathédrale. — Après la procession, sortie de faveur. — Les élèves qui ne sont pas de Blois peuvent sortir à 1 h., aux conditions ordinaires. Goûter, promenade. — 7 h. 1/2, dîner.

23 Lundi. Règl. ord.

24 Mardi. *Saint Jean-Baptiste.* — Règl. ord. — Concertation en 3e.

25 Mercredi. Règl. ord. — Colle de physique et de langues vivantes. — 6 h., ouvert. de la retraite de Première Communion solennelle.

26 Jeudi. Règl. ord.

27 Vendredi. *Fête du Sacré-Cœur.* — Règl. du dimanche jusqu'à midi. — 7 h., dîner. — Départ des élèves de la première division pour la Cathédrale.

28 Samedi. Règl. ord.

29 Dimanche. *Saint Pierre et saint Paul, Apôtres.* — *Première Communion solennelle et Confirmation.* — 8 h., messe de communion, suivie de la Confirmation. — Déjeuner. — 10 h., distribution des cachets de Première Communion. — 11 h., étude. — 2 h., 1/4, Renouvellement des Vœux, salut solennel. — sortie des retraitants. — Sortie de faveur pour les autres élèves.

30 Lundi. Règl. ord.

JUILLET

1 Mardi. Règl. ord. — Compositions d'examen.

2 Mercredi. Visitation de la Sainte Vierge. — Règl. ord., excepté : 7 h. messe. — 8 h. 1/4 classe. — 4 h 1/4 salut.

3 Jeudi. Règl. ord.

4 Vendredi. *Premier vendredi du mois.* — 7 h. messe. — 8 h. 1/4 classe. — 4 h. 1/4, salut.

5 Samedi. Règl. ord.

6 Dimanche. FÊTE DE NOTRE-DAME DE TOUTE-JOIE. — Règl. des fêtes de 1re classe, excepté : 2 h., vêpres, *Te Deum*, salut d'actions de grâces, étude et promenade comme les dimanches ordinaires. — Sortie de faveur. — 7 h. 1/2, dîner.

7 Lundi. Règl. ord.

8 Mardi. Règl. ord.

9 Mercredi. Règl. ord., excepté 1 h. 1/2, examen trimestriel. — 4 h. 1/2 goûter, récréation. — 5 h. 1/2 étude. — 7 h. 1/2 souper.

10 Jeudi. Règl. des jours d'examen trimestriel. (Voir p. 56).

11 Vendredi. 6 h., lever. — 9 h., classe pour donner les devoirs de vacances. — 2 h. 3/4, proclamation du tableau d'honneur et des notes d'examen. — 3 h., préparation des malles. — 4 h., goûter, promenade. — 7 h. 1/2, diner.

12 Samedi. h. lever, prière, récréation. — 7 h., messe d'actions de grâces. — 7 h. 1/2, déjeuner et dortoir. — 9 h., 1/2, DISTRIBUTION SOLENNELLE DES PRIX.

Du 12 Juillet au Mercredi 1er Octobre, à 8 heures précises du soir, Grandes Vacances

N.-B. — Les élèves demi-pensionnaires ou externes ne rentreront que le 2 Octobre, à 8 heures 14 du matin.

Les élèves du cours Saint-Louis rentreront également le 2 Octobre, à 10 heures.

BLOIS, IMPRIMERIE R. ET DUGUET Cⁱᵉ

TABLEAU DES COMPOSITIONS — 1923-1924

DATES	PHILOSOPHIE	SCIENCES	PREMIÈRE	SECONDE	TROISIÈME A. B.	QUATRIÈME A. B.	CINQUIÈME A. B.	SIXIÈME A. B.	SEPTIÈME A. B.	HUITIÈME	NEUVIÈME
OCTOBRE	Langues vivantes / Dissertation / Physique	Langues vivantes / Mathématiques / Physique	Version latine / Version Langues vivantes / Mathématiques / Composition française	Version latine / Version Langues vivantes / Mathém., Vers. vivantes, L. V. / Version latine et Langues viv.	[illegible] et Français / Version Lat. gr. et viv. et Franç. / Thème latin et Mathématiques / Version latine et Math.	Thème latin, Français / Version Langues viv. et Franç. / Thème latin et Français / Vers. latine et Analyse	Version latine, Français / Version Langues viv. et Style / Thème latin, Lecture et Écrit. / Version latine et Analyse	Orthographe et Analyse / Écriture, Lecture et Style / Analyse, Lecture et Écriture / Orthographe et Analyse	Orthographe et Analyse Latine / Lecture et Lecture / Analyse grammat. / Arithmétique	Orthographe et Analyse rais. m. / Écriture / Orthographe / Instruction religieuse	Lecture / Arithmétique / Lecture / Géographie et Examen
NOVEMBRE	Physique / Mathématiques / Langues Vivantes / Sciences naturelles	Physique / Mathématiques / Langues Vivantes / Sciences naturelles	Vers. Grecque et Physique, L.V. / Mathématiques / Thème Langues vivantes / Composition française	Composition française / Thème latin et Mathématiques / Thème Langues vivantes / Mathématiques	Français / Version Gr. cre. et Math. / Thème Langues viv. et Franç. / Vers latine et Physique	Français / Vers. Grec. et Mathémat. / Thème Langues viv. et Franç. / Version latine et Physique	Thème latin et Arithmétique / Vers. Latine, Lecture et Écrit. / Thème Langues viv. et Franç. / Mathématiques et Orthographe	Latin et Arithmétique / Analyse latine, Leçon et Écrit. / Thème Langues vivantes et Français / Mathématiques et Orthographe	Orthographe / Dessin et Lecture / Analyse / Arithmétique	Analyse grammat. / Arithmétique et Examen / Histoire et Géographie / Lecture	Instruction religieuse / Arithmétique / Histoire / Écriture
DÉCEMBRE	Dissertation / Histoire et Géographie / Physique	Dissertation / Histoire et Géographie / Physique	Version latine et Français / Physique et Histoire romaine / Histoire et Géographie	Histoire et Géographie / Physique, Vers. G. et Lang. V. / Version latine et Français	Mathématiques / Histoire et Géographie / Thème latin et Sciences natur.	Mathématiques / Histoire et Géographie / Thème latin et Sciences natur.	Mathématiques / Histoire et Géographie / Version latine et Style	Histoire, Géographie et Mathé. / Orthographe, Hist. et Géographie / Latin et Style	Histoire / Géographie / Orthographe	Analyse grammat. / Arithmétique et Examen / Orthographe	Analyse grammat. / Orthographe et Examen / Arithmétique
JANVIER	Physique / Dissertation / Mathématiques / Version L. V.	Physique / Dissertation / Mathématiques / Langues vivantes	Physique et Version Grecque / Composition française / Mathémat. et Histoire ancienne / Version Langues vivantes	Version Grecque et Mathémat. / Version latine et Physique / Thème latin et Mathématiques / Version Langues vivantes	Thème latin et Mathémat. / Analyse latine / Analyse, Math. / Version Langues viv. et Franç.	Thème latin et Analyse / Analyse latine et Mathématiques / Thème latin et Orthographe / Vers. Langues viv. et Mathém.	Thème latin et Analyse / Vers. latine et Mathématiques / Thème latin et Orthographe / Vers. Langues viv. et Mathém.	Thème latin et Analyse / Vers. latine et Mathém/Math / Orthographe / Vers. Langues viv. et Mathém.	Arithmétique / Lecture et Lecture / Orthographe / Histoire	Instruction religieuse / Histoire / Examen / Analyse grammaticale	Lecture / Orthographe / Instruction religieuse / Écriture
FÉVRIER	Dissertation / Thème latin - Viv. / Dissertation	Dissertation / Thème latin, Viv. / Mathématiques	Composition française / Version latine et Langues viv. / Thème Langues vivantes / Mathématiques	Version latine et Lecture et Orthographe / Composition française / Thème Langues vivantes / Mathématiques	Version latine et Science et Orthographe / Mathématiques / Thème Langues viv. et Franç. / Version Langues viv. et Style	Thème latin et Sciences natur. / Orthographe / Thème Langues viv. et Franç. / Version Langues viv. et Style	Anal. logique, Lecture et Écrit. / Orthographe et Mathématiques / Thème Langues viv. et Franç. / Histoire, Géographie	Lecture, relig., Lect. et Écrit. / Mathématiques / Thème Langues viv. et Math. / Version latine, Hist. et Géog.	Analyse grammat. et Leçon / Analyse et Géographie / Instruction religieuse / Écriture et Lecture	Lecture et Examen / Arithmétique / Arithmétique et Écriture / Géographie	Lecture / Orthographe et Lecture / Arithmétique / Analyse grammat.
MARS	Physique / Histoire et Géographie / Langues vivantes	Physique / Histoire et Géographie / Langues vivantes	Physique / Dissertation française / Histoire et Géographie / Version Langues vivantes	Histoire et Géographie / National et Version Grecque / Instruction religieuse / Version Langues vivantes	Orthographe / Composition française / Instruction religieuse / Version Langues viv. et Franç.	Orthographe / Composition française / Instruction religieuse / Version Langues viv. et Franç.	Vers. latine et Mathém. nat. / Mathématiques, Analyse / Catéchisme religieux / Vers. Langues viv. et Mathém.	Hist., Géog., réalisme nat. / Mathématiques, Analyse / Instruction religieuse / Vers. Langues viv. et Mathém.	Géographie / Analyse grm. et Examen / Orthographe / Instruction religieuse	Analyse grammaticale / Arithmétique / Analyse grammaticale	Orthographe / Lecture et Lecture / Orthographe
AVRIL	[illegible]	Mathématiques	Version latine et Physique / Mathémat. et Version Grecque	Composition française / Version latine et Physique	Vers. latine et Physique / Vers latin et Mathématiques	Version Grecque et Math / Vers latine et Mathématiques	Analyse logique et Orthographe / Thème latin et Écriture ancienne	Analyse logique, Lect. et Écrit. / Thème latin et Style	Analyse / Arithmétique	Géographie / Orthographe et Écriture	Géographie / Écriture
MAI	Dissertation / Physique / Dissertation / Langues vivantes	Dissertation / Physique / Mathématiques / Langues vivantes	Composition française / Mathématiques / Version latine et Physique / Thème Langues vivantes	Composition française / Mathématiques / Version latine et Physique / Thème Langues vivantes	Vers. latine et Math-Grec. / Analyse logique / Orthographe / Version latine et Physique / Thème Langues viv. et Franç.	Thème latin et Orthographe / Analyse logique, Lect. et Compos. / Version latine et Sciences nat. / Thème latin et Physique / Thème Langues viv. et Franç.	Analyse logique, Lect. et Compos. / Orthographe / Thème latin et Style / Thème latin et Physique / Thème Langues viv. et Franç.	Lecture relig. / Orthographe / Analyse grammat. et logique / Arithmétique / Thème Langues viv. et Franç.	Arithmétique / Orthographe / Lecture et Écriture / Analyse grammat. et logique / Arithmétique	Arithmétique / Instruction relig. / Orthographe / Écriture / Géographie et Examen	Écriture / Analyse grammaticale / Arithmétique / Instruction religieuse / Géographie et Examen
JUIN	Histoire et Géographie	Histoire et Géographie	Histoire et Géographie	Instruction religieuse / Physique, Vers. G. et Lang. V. / Histoire et Géographie	Mathématiques / Instruction religieuse / Histoire et Géographie	Mathématiques / Instruction religieuse / Histoire et Géographie	Mathématiques / Instruction religieuse / Histoire et Géographie	Mathématiques / Instruction religieuse / Hist. et Géog.	Orthographe / Instruction religieuse / Histoire et Géographie	Analyse grammaticale / Orthographe / Analyse grammaticale	Lecture / Histoire / Orthographe et Analyse

www.ingramcontent.com/pod-product-compliance
Ingram Content Group UK Ltd.
Pitfield, Milton Keynes, MK11 3LW, UK
UKHW022124070726
13613UKWH00003B/1243